闘将野村

弱小企業を一流へと導く新経営理論

野村《のむら》克也《かつや》
藤田《ふじた》精《たくみ》

幻冬舎MC

はじめに

沢山の山積みされた本の中で、
沢山のネット掲載の本の中で、
この本を手に取ったという事は、

貴方は
1　野村監督のファンなのか？
2　普通の経営の本を読み飽きたのか？
3　思いもつかない、アイディアが詰まっていると思ったのか？
4　貴方が変わった人なのか？

5　今の経営に行き詰まっていて、まともな判断ができなくなってしまっていたのか？

経営論でもない。ハウツー本でもない。標語や啓発活動的な本でもない。
この本は、そのような概念のものではありません。もし、貴方が仕事で迷い、全く新しい自分を手に入れようと思っていないのであれば、お勧めしません。

私自身、年間５００人を超える経営者の方と会いセミナーや講演をしております。
順風満帆に会社も16社経営しておりますが、ふと経営者としてこのままで良いのか？
と考える事があります。

ノウハウが分かれば売上を上げる事は簡単です。コツを摑めば儲ける事も簡単です。
でも、納得いく経営をするのは難しい。そんな問題を野村監督は解決してくれました。

住生活新聞　藤田　精

※『闘将野村　弱小企業を一流へと導く新経営理論』は、決して冷やかしの本ではありません。
※経営者目線で書かれています。
※これから経営者を目指す方にも有効です。
※弱者が強者を倒すための戦略が書かれている為、大手企業の社長向きでは御座いません。
※経営時のお困り事を解決できる内容が含まれております。
※商売のアイディアや売上向上のためのテクニックが含まれております。
※数年に渡る取材の内容が盛り込まれている為、一部似たような表記があります。
※文中に出てくる事例等は経験に基づいて書かれております。
※この本は編集者個人の感想であり、効果・効能を保証するものではありません。

目次

闘将野村　弱小企業を一流へと導く新経営理論

01

2016年7月東京のホテルにて

本紙（住生活新聞）の読者は経営者や起業家も多い。今回はそんな読者から要望の多かった『新経営理論』を掲載したいと思い、是非にと野村克也氏に対談をお願いした。言わずと知れたプロ野球の名監督である。

球団における監督の立場は、野球という実務での最高指揮者だ。会社でいえば社長にあたるだろう。

経営されている方々にとっては、投資・運営・教育・シェア・金主・人材不足など多くの悩みを抱えて運営している企業がほとんどだろう。

野村氏は多数の球団の監督を渡り歩き、それまで芽の出なかった選手までも活躍させるその手腕は「野村再生工場」と言われた。今回、対談をお願いした理由だが、弱小球団を強くしていくその過程は、今起業している中小企業にとって、人も金もそろった大企業の成功事例を知るよりも面白いと思ったからだ。

そこには、現代に通じる『新経営理論』がある。野村氏の成功に至るまでの苦悩や、人の使い方、オーナーとの確執。そこには共感できる中小企業の悩みがある。

この対談が、今後の経営の糧になれば幸いだ。

（聞き手）住生活新聞

対談開始にあたって野村克也氏は、「俺に経営なんて、お門違いじゃないか？」とにやりと笑って答えた。もう80歳を過ぎる野村氏だが、テレビと変わらずなんともチャーミングでやさしい目をしている。

社員教育論

——長い間、監督業をされていましたが、昔の選手と最近の選手では育て方は違うのですか？

野村　１８０度違う。自分が選手だった時、当時の監督は軍隊経験者だから、教え方も軍隊式だった。

冷静に考えると、自分が影響を受けた監督っていうとやっぱり鶴岡さん※だけだね。

鶴岡さんは敵球団の選手をめちゃめちゃ褒める。だが自分のチームの選手はけちょんけちょん。

「お前らよう見とけ、あれがプロだ！　見習えよ！」と。


――監督は、その時どう思われたのですか？


野村　人間結局みんな自分がかわいい。

まぁ、自己愛で生きているわけだから、ましてや俺はテスト生で入ったから褒め言葉が欲しいわけよ。褒めて欲しい。

鶴岡監督は、褒めないので有名だったんだ。褒められた人は誰もいないんだよ。

その監督と球場ですれ違ったの。今まで挨拶してても返事なんてしてもらった事がなかったのが「おはようございます！」って言ったら、その日は機嫌が良かったのか「おう、お前良うなったな」って。

20年間いても後にも先にも褒められたのはこれ1回だけ。凄い自信になった。

あぁ、認めてもらえたんだ、と。あの感動は、まだ耳に残っている。

そこには監督ではない、選手時代の野村選手が私の前にいた。

その目は、先ほどまでの厳しい目と違い、若者の明日を見る目だ。

鶴岡監督もまた、野村監督という名監督を生んだ名監督だった。

※鶴岡一人（1916年―2000年）
プロ野球選手・監督、野球解説者。南海ホークスの黄金時代を築いた日本プロ野球史を代表する名監督の1人。

社員教育論『褒める』

現在は、褒めて育てる。なんでも褒めるという風潮がある。

家族、先生、身内と歳上のものが褒めて育てる。多少の事でも大げさに褒める。

だけど、社会人になると褒めてくれない。

80歳になっても記憶に残る褒め方というのがあっても良いと思う。

相手を気持ちよくさせるだけの褒め方ではその人の人生は変えられない。

同じ褒めるのでも、褒めて欲しい（認めて欲しい）と褒めてあげる（認めてあげる）では180度違う。

社員教育論『叱る』

——では、監督は選手を使う時は、褒めて使うのですか？　叱って使うのですか？

野村　褒めるとか叱るって事は、どういう事なんや？　それの根本にあるのは愛情なんだよ。感情で褒めたり叱ったりするのは相手も人間だからわかるんだよ。伝わるんだよ。憎たらしい奴だと思って叱るでしょ。すると、凄く根に持つからね。

この選手を何とかしてあげたい、上手くなって欲しいという思いがあった中で叱ったり褒めたりすると、人間だから通じるんだよ。不思議だよね。いちいち説明しなくてもわかるんだよ。

——ついつい感情で自分の出世や自分の給料欲しさに上司が部下を叱っても、会社の士気は上がらないし、親の見栄の為に子供を叱っても子供もそれを理解する。難しいですよね。

野村　やたらと褒めちゃいかんのだよ、褒めると叱るというのはタイミングが必要。

——私もいろんな会社に訪問させていただくと、中小企業の社長さんみなさん「いい人の採用が出来ないんだよね」って言われるのです。

大手企業ならば、広告も出せるし給料も出せる。大手球団の様に良い人材が取れない場合はどうしたらよいのでしょうか?

野村　その考えは間違っているよ。本当に悪い人間なんていないんだよ。勘違いだよ。

その時点でリーダー失格だよ。

ただ、相手も自己愛で生きているっていう事を上に立つ人は忘れちゃいけない。

みんな世界中で自分が一番可愛い。

いくら好きな女性が出来ても一番愛しているのは自分。そこを忘れちゃいかん。

だから、叱るにしても褒めるにしてもタイミングが大事なんだ。

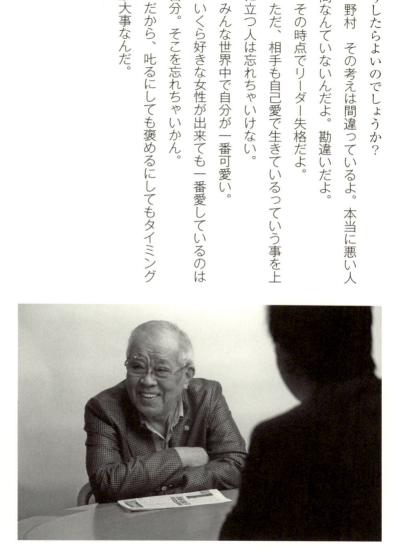

02

経営者とは——社長としての在り方

よく〝星の下に生まれる〟とかいうが、自分のこの80年間を振り返ると貧乏性・苦労性、こういう星の下に生まれているね。その代表的なのが、プロ野球４球団の監督をやったけれど全部最下位の球団だった事だよ。

……と、静かに野村さんは語り始めた。

こんな事を言ったら、怒られてしまうかも知れないが、野村さんは、王さんや長嶋さんとも比較される事も多いが、生まれ持ったスター性というものを持っているのが王・長嶋だとしたら、その辺に捨てられていた石ころが、星になったというのが野村さんではないだろうか？

野村監督の魅力は、弱小球団を強くしていき最後には優勝させてしまうという、漫画の様なストーリーであると感じるのは私だけではないのではと思う。

私は、数々の弱小球団が最終回には優勝するという、野球のドラマを見てきた1人である。

野村再生工場

野村　南海・ヤクルト・阪神・楽天で監督をやり、野村再生工場なんて肩書をつけられたけど、やっぱり上に立っている人の言う事は聞かないといけないよ。

この4球団で、俺の話を一番聞かなかったのは阪神。

――話を聞いてくれなかったのは選手ですか？

野村　オーナーだよ。社長なんて野球の素人じゃん。こっちがああしてくれ、こうしてくれって注文を出すでしょ。

その一つがドラフト会議だよ。

野球は0点で抑えれば、100％負けないっていう当たり前の原理がそこにあるわけだよ。0点に抑える主役はピッチャーだよ。だから投手陣から補強しましょう、というのに一つも言う事を聞かない。当時の阪神には、即戦力のピッチャーが必要だったんだよ。

株主と雇われ社長

阪神の社長は、中小企業でいうところの出資者のような存在であり、オーナーである。野村監督はそこではいわば雇われ社長である。

当時、弱小球団と言われた阪神タイガース。企業でいえば倒産の危機である。

そこで白羽の矢が立ったのが、名将で知られた野村監督だ。実績も経験も申し分ない。

ソフトバンクやベネッセ等、よく知られる大手企業でも経営不振になると外様の経営者を連れてくる。

大手でなくても、身近な話でいえば後継ぎがいないという事がある。すると、トップが引退しようと思う時には、当然、他から実力のある経営者を連れてくる事になる。

日産のカルロス・ゴーン※のように長期で社長を続ける会社もあるが、数年で社長の首が付けかわる会社もある。その違いはどこにあるのだろうか？

「あれでは、阪神はいつまで経ってもダメだな」

野村さんが低い声でポツリとつぶやいた。

まず、阪神タイガースの場合である。

「我々の持っている、投手や野手といった戦うための戦力や指導方法、社風は間違っていないのだ。ただ指揮を振るう大将が不甲斐なかったから負けたんだ。だから監督を変えよう」という判断で連れてこられたのが、外様の野村監督である。

今までの練習などの風土は間違っていなかったんだ、というのが阪神の主張である。

それに対して、新しく戦う選手も補強したい。風土もやり方も変えたい、というのが野村監督の考えだ。

普通の企業でも創業者にはいろいろな思いがある。当然今までこれで出来てきたのだから、もうひと踏ん張りしたら、今までのやり方でもまだ通用するはずだ、という思いもある。

だが、歴史や風土を継承させるのであれば、外様ではなく生え抜きの監督をつくるべきではないだろうか?

外様の監督には、外様で培った経験と実績がある。外から見てきて身内にはわからない客観的な判断もできる。

創業者にとって、全てを譲り渡すという事は勇気がいる。

だが、外様の経営者を雇うという事は、創業者が自分の会社を客観的に見るという事である。一番悪いのは、どっちつかずになり中途半端なまま経営を続けるという事である。当然、一般企業であれば、新社長と創業者、船頭が２人もいれば船は前に進まない。会社が同じ方向に向かない会社は、社員の士気が無くなり根本が崩れる事になる。

創業の経営者は、思い入れが深い分、大塚家具のようにならないように、あらかじめ会社を客観的に見られるよう手放す心の準備をしておかなければならない。

その方がスムーズに次のステージに進む事が出来るのではないだろうか？

※カルロス・ゴーン（Carlos Ghosn、１９５４年3月9日―）

フランスの自動車メーカーのルノー、日産自動車、三菱自動車工業の元取締役。相互保有を含む戦略的パートナーシップを統括し、最高経営責任者（ＣＥＯ）を務めていたが、２０１８年11月に東京地検特捜部に金融商品取引法違反の容疑で逮捕され、その後解任された。経営手腕に賛否両論あるが、企業の立て直しで難しいのは、事業戦略でもアイディアでもなくリストラである。日本人には難しいとされるリストラをやり切った事には評価が高い。

外様社長と従業員

――ヤクルト時代は、岡林選手をはじめ、ピッチャーを3人獲りましたよね。

野村　阪神とは対照的。ヤクルトは全て俺の言う事を聞いてくれたね。ドラフトで現場と編成で揉めたのよ。

その時の球団社長が相馬さん※っていうんだけど、この人の一言だった。「お前らごちゃごちゃ言っていないで監督の言う通りにせぇ！」これで終わりだよ。

※相馬和夫（1927年1月15日―2005年7月23日）
のちに伝説の球団社長と言われる1人である。
日本の実業家。元ヤクルト本社取締役、元ヤクルトスワローズ（株式会社ヤクルト球団）球団社長。1985年～1993年まで球団社長を務め、野村克也の監督招聘に成功し、1990年代の日本一3度、リーグ優勝4度のヤクルト黄金時代に尽力した。

M&Aや創業社長が変わる時、少なからず従業員との軋轢が生じる。

どの従業員も、新社長に対して表では頭を下げても本音では、お手並み拝見というところではないだろうか？

特に今までの経営と大きく方針や風土を変えようとするとき、会社の歴史があり、創業社長が長い時間を掛けつくり上げた会社ほど社員の気持ちを切り替えさせるのは難しい。

社員も目の前の給料が「来月から3倍になります」のような話であれば喜んで協力するかもしれないが、新しいやり方は、今までの評価対象と異なるという事であり、覚える事も増える。同じ給料で体制が変わるという事は社員にとってはストレスになる。

よって、新社長は明確に今後のビジョンの説明をする事と、早めに社員に試されている色眼鏡を覆す実績が必要となるのである。

ここでの相馬球団社長の一言は、「俺が連れてきた新社長だ。俺と思って扱えよ」という強いメッセージだ。

この一言で、現場の向く方向は、新社長（監督）ひとつになったのである。

こうしてヤクルトの黄金時代は、新旧の体制が一体となる事で創られた。

相馬球団社長は、ドラフトの抽選において、「迷ったら駄目、最初に触ったものを引く」と発言している。

それは球団経営においても同じ事であり、「野村監督に任せる」と決めたら迷わない。この決断が従業員（選手）にも安心を与えたに違いない。

社員も社長の顔色を見て仕事をするものであるから、社長が優柔不断な会社で成功する事はない。迷いのない決断が成功する会社をつくるという事を象徴したヤクルトの黄金時代だった。

逆に、トップが判断を迷うようになったら、その時は経営者としての引退の時期ではないだろうか？

1989年のオフシーズン、ヤクルトが野村克也氏に監督就任要請した際、ヤクルト本社の役員はファミリー主義を受け継いでいたためそれに全員反対したという。

しかし、相馬球団社長は「失敗したら（成績が芳しくなかったら）自分も辞めます」と役員の前で宣言し、説得したといわれている。

ここまで言われて、やらない新社長はいるだろうか？

相馬球団社長もまた一流の実業家であり、一流の経営者であったからこそ、ヤクルトは変わったのである。

会社を変えるのは、最後はトップの熱意である。

現場と社長

どんな立派な経営者も現場を3年も離れて社長室だけで仕事をしていると浦島太郎になってしまう。

特に今はネットの時代、時代の流れが速く、同じビジネスモデルが3年続かない。常にリニューアルしたり、新しいものをつくり続けたりして成長し続ける必要がある。

社長室にいると、社員は良い情報しか社長にあげてこない。社長に現場に出てこられてああだ、こうだ言われるのが面倒だからである。

逆に会社の事を思って社長に直訴する社員もいるが、現場の悪い話を聞きたがらない社長もいる。

本音の所では、社長もうすうす現状を把握しているから、現状を直視したくないのだ。

だが、トップが現場を知ろうとしなくなったら、本当にその社長と心中してくれる社員はいるだろうか？

「どうせ社長は、現場の事知らないでしょう……」

——阪神球団は、結局野村監督の意見を半々位聞いてくれたのですか？

野村　半々もないね。

それでまぁこんな事していたら、阪神は絶対優勝できないと思い、当時の久万オーナーに会わせてくれって面会を求めに行ったんだ。

とにかく阪神は歴代勝てないと監督ばかり変えている。監督を変えれば強くなるなんてそんな時代は50年前に終わっていますよ、と。野球もどんどん進化しているから、その時代に合った運営をしていかないと……。

そこには、そう淋しそうに語る野村監督がいた……。

03
監督と選手　社長と従業員

会社に訪問に行った時によく言われる言葉がある。

「うちにはやる気のある社員がいないからね」

「最近の若い子は、以前のように働かないからね」

「何度言ってもダメなんだよ」……そう、愚痴にはきりがない。

従業員とは名の通り〝従う〟社員という事だが、昔は社長も上司も厳しかった。嫌な事は毎日のようにあったが、仕事だからと思って従った。

今は違う。

「労働基準監督署に行ってきます」「ブラック企業とマスコミに言います」

そろそろ従業員という言葉の新語を創らないといけないのかも知れない。

野村監督は、特許取得したら?と思うような発明を30年前にしている。
それは『ぼやき』である。辞書を調べてみると、
『ぼやく』　ぶつぶつと不平や泣き言をいう事
『ぼやき』　愚痴や泣き言、不平不満をぼそぼそとつぶやくような事

今の時代、こちらは指導のつもりでも、少し言い方を間違えただけでパワハラやブラック企業と言われてしまう。

『褒めて伸ばせ』という本もあるが、実際褒めて上手くいった会社も見た事がない。

何故なら『褒めて伸ばせ』は、従業員や新入社員を格下に見ている教育方法だからだ。

義務教育であれば、「よく頑張ったね」「凄く出来るようになったね」と歳の離れた先生が言うのは構わないが、それは『プロ』に対して失礼である。

野村監督の考え方は、社会人になった時点で、お給料をもらう時点で『プロ』なのである。だからプロとして対等に扱う。

プロとして自覚のないものはその結果は自身に返ってくる。

プロなら自分で考えろ、教わるものではないという考えだ。

ただ、現実は自発的に考え、教えを乞いに来る優秀な社員ばかりではない。

かといって、教えて欲しいと思ってもいない社員にとっては、「こうした方が良いよ」「この考え方は違うよ」といった指導は、苦痛に繋がり、翌日腹痛になりましたと会社を休むのだ。

そこで野村監督が発明したのが『ぼやき』である。

愚痴や泣き言、不平不満をぼそぼそとつぶやく。

相手に対してではない。自分に対してつぶやくのである。

「なんでこうなっちゃったんだろうね～」

「ちょっと考えれば分かる事なんだけどね～」

「これでは何回やっても駄目だわ～」

「本当にガックリだよ」

これが『ぼやき話法』である。

直接選手に言っているのではない。野村監督自身の心に刻んでいるのだ。

相手に言っていない以上パワハラでもないし、明日のずる休みの理由にも繋げにくい。

選手は、監督の心の叫びを間接的に聞くのである。

『ぼやき話法』で選手をコントロールする話術は改めて聞き直すと奥が深い。

「野村監督、4球団渡り歩いて、やはり昔の選手と最近の選手で育て方が違うのですか？」

そう聞くと「全然違うよ」といつもの野村節で語り出す。

野村　我々の時と今ではもう180度違う。

何が違うかって、我々の選手時代は監督・コーチは戦争経験者で軍隊の経験者。その代表的なのが、南海の時の鶴岡監督。軍隊用語が頻繁に出てくる。連帯責任とか営倉《えいそう》もんとかね。お前ら営倉もんじゃ！って怒られるの。

はじめ営倉がわからなくて、牢屋に入れるっていう意味なんだよ。

営倉とは大日本帝国陸軍に存在した、下士官兵に対しての懲罰房である。

当然、今の時代そんな事を言ったらそこに入社したいと思う会社員は皆無である。ただし、2000年頃まではそのような会社も多数あった。私も新入社員の時の研修が無人島で1カ月間だった。建物や生活設備はあるにしても、第2次世界大戦中の毒ガス兵器開発の島である。週に1回しか船が来ない。初めの数日こそ会社や方針に不満を漏らすが、そこでの世界がそのようなルールであれば、いつしか考え方もルールもそれに沿ったものに変わっていく。マインドコントロールである。1週間もすればその状況に順応し、そこで上司に認められたいと居場所を作るのである。

違う世界の人間から見ると、大変だねと思われるかもしれないが、世界の物差しが違うから、そのような感覚がないのだ。

野村監督の頃も今ではおかしいと思うかもしれないが、それが時代であり、それがその時のルールである。もしかしたら、50年後の人が今を見たら、またそれもおかしいと思うのかもしれない。

給料が高い会社が、離職率が低いとは限らない。

休みが多い会社が社員のやる気が高いかといえばそうでもない。

倒産した不動産賃貸管理会社で6カ月給料が遅延しているという社員に話をした事がある。

「何故、会社を辞めないのですか?」

「生活は大丈夫ですか?」

まじめに、一生懸命取引先からのクレームを、頭を下げて回っていたのを覚えている。

「あと2カ月もしたら、家族もあるので辞めるかも知れません」と答えた。

そこの社長は自分の裏金だけ残して会社を倒産させてしまった。

当然、先ほどの社員に給料が払われる事がなかった。

仕事への責任感なのだろうか?

社長のカリスマだったのだろうか?

マインドコントロールをされていたのだろうか？

会社を倒産させない為には、沈みかかる船をいち早く下りない社員をどれだけ持っているかという事なのだが……。

04

人心掌握術
——一瞬でお客様を虜にする方法

野村監督との出会い

「会った事あったっけな～??」

「はい。監督3回目ですよ」

「えっ!? そうか?」

「以前、お会いした時も同じ事、言われましたけど」

「そうか……俺は男の顔はよく忘れるからな……」

周りのスタッフから、笑いが起こる。

別の日もそうだ。取材を始める前に携帯電話が鳴る。

「監督、電話ですよ」

と私が言う。

時刻は夕方6時。

携帯のメールを開いて、

「銀座のねぇちゃんだよ」

「俺は女には全然モテないよ。営業だよ！　営業！」

とおどけて見せる。

当然、ここでも笑いが起こる。

また、別の日はこうだった。

「随分前に、克則と喧嘩したんだよ」

――はい……。

「お父さんの子で生まれてこなければ良かったたって……」

さすがに、その時の淋しそうな顔は、私も返答に困った。

いずれも野村監督に会った日の初めの言葉である、野村監督と私とは年が40歳近く違う。

監督は、人の心を読むのが早い。

どんなに難しい経済学の本を読んでも、どんなにノウハウの詰まった経営学を学んでも書いてない事がある。

それは、その本の通りに事を実行しても、上手くいかないという事である。

それは、本を書いた人と読んでいる人との性格も違えば、スキルも違うからだ。

当然、私に取って野村監督は憧れであり尊敬する人である。

緊張するに決まっている。初めなどは、どの様にしたら怒らせないで取材ができるだろうか？

私の思うように話してくれるだろうか？　時間は十分貰えるだろうか……。

と不安の中の「宜しくお願いします」である。

一瞬で私の心の状態を読んで、鼓動を合わせてくる。

わざと気を引く冗談を言い、シンクロさせてくる。

私の話しやすい環境を作ってくれるのだ。

基本、営業行動の人心掌握術にこのような言葉がある。

『成約したいのならば、呼吸を合わせて鼓動を合わせろ』

いくら営業トークを学んだり、ロープレをしたりしても成約が取れない人には、この基本動作ができていない事が多い。

初めから、貴方の事を理解して目的が一緒な人ならば、トントン拍子で話が決まったという事もあるだろう。

ただ、このお客様はなかなか癖があったよね、最後まで不快な顔をしていたよね、今日はたまたまそういうお客様に会っただけだよ、と最後はお客様のせいにまでする。

お客様は相手の事を不審に思っているときは、こちらがどんなに心をシンクロさせようと合わせに行ってもそれをずらしてくる。

契約を成約に持って行く準備は、まず営業トーク以前にお客様と鼓動をシンクロさせなくてはならない、世間話でも良い。今日のニュースでも良い。

お客様が飽きてしまう前に、基本動作として呼吸を合わせて、そのあと鼓動を合わせてシンクロさせてお客様と一体化する。

その鼓動が合わないうちに、クロージングをするから契約ができないのである。

普通であれば、取材する側があの手この手と聞き出すために、ご機嫌を取ったりしながら合わせていくのが普通だが、監督は、驕らず偉ぶらず私の気持ちを読み取って瞬時に心をシンクロさせてくる。

そう、一瞬で。

幾ら難しい本を読んでノウハウをためたところで、それを社員や取引先に伝える手段を持っていなければ意味がない。

気の使い方、人心掌握、すっかり虜にされてしまった。

05

1番の法則——自分を成長させる糧とは

野村監督は、確かに立派な選手だが、同時期に2人のスーパースターがいた。

長嶋茂雄と王貞治だ。

仕事をするうえで、ライバルになる人だったり、ライバル企業というのはよくいるはずだ。


1番と2番目では大きく違う。

私がセミナーの講師だったとすれば、企業の依頼は、2番目の人よりも1番の人の方が10倍依頼数も多いだろうし、もちろんそこから得られる収入や、聞きに来る人の目の輝きも違うだろう。

企業でもそうだ。

当社の製品は日本で1番の商品ですから、他社に引けを取りません。他社の商品は当社のものよりも劣りますから、貴方が今後仕事をしていくうえで1番を目指すのならば、当社の商品を導入してください。

営業も簡単だろうし、それに伴って売り上げも変わってくる。

私は、いつも会社の社長さんに言うのは、どんな事でも1番でなければ利益は出ません。ですから、初めに1番を取るための方法を考えます。

購入側のお客様も当然1番の会社から順にアプローチしていきます。

購入単価も良く、クレームも少なそうで、契約の早いお客様は、当然1番店は逃しません。

そこで、値引きがきつかったり、細かい注文の多い、いつ契約をするか分からないようなお客様が、2番店に流れます。

当然2番店は、値段も下げないといけないでしょうから、利益率も悪くなりますし、細かい注文にも応じないといけないから手間がかかる。また、いつ契約してくれるか分からない。お金が貯まってから……などと言われてしまうと、追客コストもかかる。

あまり言いたくはないが、金払いの良い利益の大きいお客様に限ってクレームが少ない。

しかし、限界まで値引きもし、親身になって何度も相談に乗ったのに……というお客様に限ってクレームが多い。

その心理学的理由は、後日話をするが、とにかく1番にならないといけないのである。

でも、うちは家族経営だし、そもそもそんな知名度もないし、特徴的なものはないし……と、愚痴をこぼす経営者は、今すぐ代表者をやめた方が良い。


貧乏でも、知名度もなくても、特別な技術を持っていなくて、1番になった野村監督を知っているのだから。


では何で1番を取るのか、監督は、なんとか一軍に上がるときに1番選手層が薄く、強い選手がいないポジションを選んだ。

商売も同じである。初めのマーケティングで何も揃っていない会社が、1番を目指すのならば、ライバル企業の少ない弱い地域を攻めるのだ。それであれば『地域No．1』という称号も手に入りやすい。

他には、お金もないし、知名度もないという会社であれば、『ご用聞き、親切度No．1』といった、大手にはできない小回りの利くところを武器にする。

『価格No．1』という称号があれば、本当はお客様の集客的には効果的だが、価格で大手と競合するのは難しいという事であれば、全ての商品でなくても、一部の商品に絞って『〇〇商材の価格は、地域ダントツNo・1価格です』と広告を打ってみたらいかがだろうか？

お客様はこの商品以外も安いお店なのでは、というイメージ付けになる。

そこのニッチな分野では、他店に劣らないNo・1企業なのである。そこのシェアは1番を取る必要がある。

お客様の購買行動の95％は無意識のうちに構成されている。

だから企業イメージだけ付けば、店舗に安い商品が並んでいなくてもお客様は勝手にすべてが安いというイメージになって買っていくのだ。

そこで最後に失敗しない方法。

反響があったお客様全てがお客様ではありません。

儲からない会社・お店には、お客様を選択していないという特徴がある。

自分の所の対象でないお客様の場合は、喜んでNo・2以下の会社に紹介してあげましょう。

野村監督の時代の長嶋・王というスターはともに、『人気』『記録』Ｎｏ・１である。天性の天才『長嶋』、記録を打ち立てた『王』、両者ともに圧倒的な1番である。但し、それは一般人が真似をしてもできない憧れ的な存在である。

野村監督の魅力は何だろうか？
華やかにデビューを飾ったわけではないし、皆がこぞって背番号を取り合った選手でもない。しかし、野村監督を好きなファンは多い。
前出の２人の憧れに対して、どこか私たち凡人の代表者的な感じがするのかも知れない。

野村　外野かファーストをやればよかったよ。そしたらもう少しホームラン打てたかも。今だから言うけど、王に簡単に記録を破られた時は頭にきたね。当時はラビットボールを使っている年でホームランが凄く多かったんだよ。
小鶴さんのプロ野球記録シーズン51本塁打はずっと破られていなかったんだよ。それを10年ぶりに俺が52本打って破った。それも劇的だよ。最終試合の最終打席。ここで打たないと小鶴さんとタイ記録。

――タイ記録止まりになっちゃうんですね。

野村　そうだよ。俺は神様はついているなと思ったね。

――最後の打席ですから何が何でも打ってやろうと狙っていたわけですよね。

野村　不名誉な記録、ピッチャーとすれば新記録のピッチャーになりたくない。近鉄の山本というピッチャーで勝負してこないのよ。外に全部外してスリーボール。この野郎！と思って、踏み込んで、目をつぶってガーン！　と打ったの。そしたらギリギリスレスレでスタンドに入ったホームランが52本目。

苦労して10年ぶりに更新された新記録だから、これでまた10年はもつなと思っていたら翌年、王が55本打って簡単に破られちゃったよ。

それで王に仕返しする場所はオールスターしかないからはりきったね。オールスターで王は20何打席かノーヒット。ホームランどころかヒットもない。この不名誉な記録は全然取り上げられなかったよ。

その時のキャッチャーは全部俺だ。絶対に打たせない。「セ・リーグのピッチャー諸君、王はこうやって攻めるんだ！」という意識でやっていたけど誰も見ていなかったね。

――それじゃストレート勝負とかではないんですね？

野村　王の攻略はそんなに難しい事はないんだよ。合気道打法だから。王の好きなのは真ん中から外寄りのコース。ここが彼の一番のホームランゾーン。そこでアウトコース低めを要求するでしょ。それがちょっとでも上がるとガーンと打たれる。なんでインコースいかないんだって。ホームランバッターにインコースを攻めるというのは非常識だから。インコースへ真っ直ぐは駄目。真っ直ぐしか待ってないんだから。今でいうカットボール、インコースへちょっと曲げればいいんだよ。

来た球を打つバッティング、合気道打法だから。だからちょっと動けば全部ファウルだ。ファウルで簡単に追い込めるんだよ。それでツーストライクとったら後はそこから考えればいい。だから俺は王を追い込んでから、ボールゾーンからアウトコースに入ってくるスライダーとかカーブとかを勝負球にしていたんだよ。それで真ん中ちょっと外寄りにフォークで落とすとショートゴロ・セカンドゴロとなる。要するに左バッターのゴロゾーンだ。

俺もプロに入った頃は無知だったからダブルプレーが欲しいという状況でインコースをつまらせて5―4―3ていう。それがダブルプレーを狙うバッターへの攻略だったんだよ。一番ゴロをする真ん中からアウトコースの外寄りに落ちる球を、そこをひっかけさせる。それが一番ゴロの確率が高いわけだよ。

テスト生の田舎者で全く無知だったから、毎日スコアラーのとこへ行ってたよ。

その人の部屋に行っていろいろ聞いて、インコースにつまらせてサードゴロよりも、真ん中外寄りの球をひっかけさせてゲッツーがほしい時は、ショートゴロ・セカンドゴロの方が確率はいというのに気が付いて。

――やっぱりセ・リーグでちょっとやりたかったという思いもあるんですか?

野村　セ・リーグというよりは、俺が苦労して作った記録を王に簡単に破られたから王とやりたかった。

ライバルというのはありがたい。自分を強くして成長させてくれる。

パ・リーグで何度も1番を取っても野村監督にとっては1番ではなかったのである。

同じリーグで王さんと野村さんのＮｏ・１決定戦が見られたら、野球少年には夢のような時間だったと思う。

06 埋もれた才能

誰もが若いときには自分の可能性を信じて夢を持つ。
いつの頃からか、現実を知って夢を持つ事を諦める。
そして、俺にも才能があったら別の人生もあったのになぁ～と酒を浴びるのである。

――監督は自分に才能あるっていつ頃気付いたのですか？
野村　才能あるなんて気付かないよ。上手いなというより好きだな。
――チームの中ではずば抜けて野球ができたのですよね？
野村　中学3年生で野球部に入って皆がビックリしていたのは覚えている。

――それは凄く練習したのか初めからある程度才能があったのか。

野村　バットなんて持った事なかったね。

――持った事ないけど打ったら凄かったっていうのはやっぱり才能あったのでしょうね。

野村　田舎では軟式の柔らかいボールを使っていて、山へ行って竹を切ってきて三角ベースは学校の休み時間しょっちゅうやっていた。それ位の経験しかないよ。

それで野球部に入ってポンポン打てて自分でもビックリしたんだよ。皆も凄いなぁって褒めてくれるから調子に乗ってやっていたんだよ。

皆同じだと思うけどまずピッチャーに憧れるんだよ。ピッチャーやっていたエースが俺にピッチャーやられると困ると思ったのかね、お前絶対にキャッチャータイプだって言うんだよ。胴長短足でお前が座ると投げやすいって言うからキャッチャーになったんだよ。

――もしピッチャーをやっていたらピッチャーの才能としてとして開花していたと思いますか？

野村　思わない。

——それはやっぱりキャッチャーで良かったのですね。

野村　適材適所、もしあの時ピッチャーを選択していたら……。

キャッチャー野村誕生の瞬間である。

野村　プロテストでは投げる・打つ・守る・走るの項目があって、投げるテストの時に一投目が合格ラインに届かなくて、2投目を投げる時に1年先輩のカワチさんという人がスタートラインから前行け！　前行け！って言うから、お言葉に甘えてスタートラインから5メートル位前から投げて難関を突破したんだよ。ついてるよな。本来ならそこで落とされていたよ、紙一重だよ。

——それでスカウトが来なくてカネボウに就職してからというようになるのですかね？

野村　カネボウに行こうか迷ったけどテストに合格したから、カネボウを辞退してプロに入ったのだよ。

プロに入ったけどやっている事っていったら1日中ブルペンキャッチャー。

——そこでもキャッチャースタートなのですね。

野村　そりゃぁキャッチャー出身だから。フリーバッティングにも二軍の試合にも使ってくれない。一日中ブルペンでピッチャーの球を受けるだけ。

それで夏頃かな、あまりにも不安になってきて二軍のマネージャーの部屋に行って、一つ教えて下さいって聞いたんだよ。

「我々テスト生は全然試合にも使ってもらえない補欠扱いなんですけど、何故ですか?」

って質問したら、

「やっと気が付いたか。本当の事を言ってやるから、後は自分で判断せぇよ」

「なんですか?」って聞いたら、

「実はテストをやる目的は、ブルペンキャッチャーとバッティングキャッチャーをとるのが主の目的だ」ってよ。

野村監督は、昔の事を思い出したのだろうか、投げ捨てるように渋い顔で言い放った。

企業によっては、いまだに学閥があったり、高卒だとここまでしか昇進できないと決めている会社もある。

プロパー組だから、親会社から来たからなど、大きい会社ほど実力よりも社内営業をして、ごまをすった方が出世できるといった会社もいまだに多い。

実力があるのであれば、そんな会社は飛び出すべきだ。

いや、まだ行動していないから実力はわからない。

わからなくてもそれを超える情熱があれば、飛び出したらよいのだ。

今は終身雇用の時代ではない。

会社も保証してくれない。65歳を過ぎたからといって、いつまで年金がもらえるかわからない。国も保証してくれないのである。

ベンチャー企業への就職もあれば、起業しても構わない。

何故なら、日本では失敗というのはない。たとえ起業して失敗したからといって、いつでも就職しようと思えば就職できるし、アルバイトでも家族を養うくらいは稼ぐ事はできる。

失敗も次の仕事への糧とすれば良いのである。

どれだけの才能が発掘されずに、日本に埋まっているのだろうか？

事を起こさなければ、野村監督も発掘されない才能だったのだから。

07
運は自分で引き寄せる
―才能を見つける経営者とは

野村監督が、試合にも使われず、テスト生のままクビになるときの話である。

――テスト生で入った時に、元々一軍選手にしようとは思っていなかったという事ですか？

野村　初めから戦力としては考えていなかった。その証拠に鶴岡監督は来ていなかっただろうと言われて、そういえば監督の顔見なかったなと。それでもうガッカリしてね、帰ろうと思ったんだよ。

俺はブルペンキャッチャーする為にプロを志願したわけじゃないから帰ろうと思ったんだけど、帰れない理由が一つあったんだよ。プロに入ることに母親が大反対したんだよ。

そんな田舎者が、華やかな世界に行って成功するわけがないから地道な道を行って、ちゃんと社会人野球受かっているのだから、その道を行けって母親が言うんだよ。

プロには大反対で、母親の反対を押し切ってプロに行ったものだから、1年目でクビ宣告されて帰ったら母親に、「それ、見たことか!」って言われるから、これは泣きつくしかないなと思って。試合に出ていないのに何でクビなんですか、納得できませんって言ったんだよ。「ワシらの目を信じて、やり直しは早い方がいいから、19歳になったばかりだからもうプロは諦めろ」と言われても「俺は諦めきれない嫌です。1試合でもいいから試合に使ってみて下さい。1回もキャッチャーやってないのに納得いきません」ってお願いしたら、「今年は15人の新人が入って会社の事情もわかって納得してくれ」と。

それでも「嫌です」って言ったら、「お前しつこいな、お前みたいなのは初めてだ。毎年こうしてきているけど、みんな素直にお世話になりましたって帰って行った」と。

その時の球団からすれば、監督は解雇対象の社員であり、それを拒むややこしい社員なのである。

――それは監督の中で試合に出れば結果を残せる自信があったのですか?

野村　自信なんかあるわけないじゃないですか。試合に使ってもらってないのにクビっていうのが納得いかない。それでマネージャーが部屋を出て行ってから10分位して帰ってきて、「よしわかった!! もう一年面倒みてやる」って言われて、そんな事があった。

高卒だから、良い大学を出ていないから、無名だから……。

皆初めは無名である、どんなに才能があっても、努力をしても土壌がなければ花は咲かないのである。

――それでいつ位から試合に使ってもらえるようになるのですか?

野村　2年目は、二軍のバッティング練習について行けよと言われて、ファーストにコンバートされて7番バッターだった。

二軍で打率2位の成績を残した。見る人が見たら感じるものがあったのだろうけど、一軍には飯田徳治さん※っていう人がレギュラーでファーストの4番バッターを務めていたんだよ。こんな人を抜くの大変じゃん。

※飯田徳治　南海ホークス、国鉄スワローズに所属した1塁手。走攻守揃った飯田徳治は華麗な守備が評判で

あり、当時「100万ドルの内野陣」と称される。アマチュア時代から打率5割を超え、プロになってからもパ・リーグ打点王（1951年と52年に打点王）になる。南海の5回のリーグ優勝。黄金期を支えた1人である。

後輩や同僚にも優しかった事から「仏の徳さん」と呼ばれる。

飯田徳治選手は、当時の野球界のスーパースターである。

野村監督はこの時点では、テスト生からプロになる事を第一に考えている。

楽しんで仕事をしているのではない、生活の為の使命感であり、そこで何とか正社員にならなければいけないという、派遣社員の様な状態だったのかも

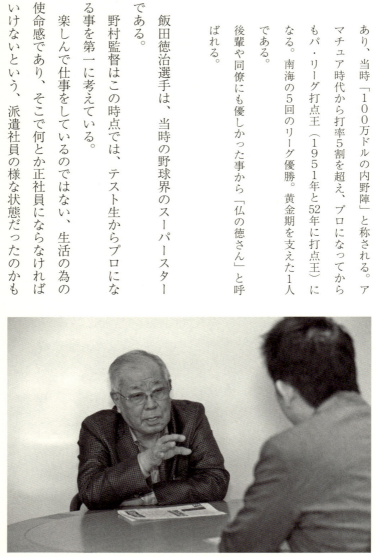

しれない。

ただ、そんな貧困の中でも現状の生活を満たすだけでなく、プロで活躍するという大きな夢は忘れていないのである。

監督は、話している途中でふと止まる時がある。

そしてしばらくの沈黙の後、またゆっくりと話し出す。

08

営業に必要なものとは――仕事心と商売心

自分の力量と相手の特徴が分かったらいよいよ攻略である。

相手の強みを攻略するのは難しい。当然相手の弱い部分を攻めるようになる。

先方は、ここのメーカーの取り扱いがないからこのメーカーを取り扱おう。

先方は人手が足りないから小回りが利かない。当社は、即日対応を前面に出していこう。

など、他社との違いで自分の所の特徴を前面に出した広告を作るのである。


自分の所が上手くいかないと悩んでいる会社は、大手と同じやり方をしていないだろうか？

大手の常識が挑戦者にとっては戦略にはならない。挑戦者は非常識的な考えも時に有効である事を考えなければならない。

以前いた社員に営業の基本を教えているときに、このような事を言われた。

「私は駆け引きの様な事はしたくないのです。良い事も悪い事もすべて理解してもらったうえで買って欲しいのです」

それで売れれば良いですが……。

今後、単純に良い事と悪い事を比較して説明するという事であれば、いつの間にかそこのポジションはＩＴに取って代わられる。

仕事ですから、すべて自社の商品が、優れているわけではないし。安いわけでもありません。

「当社の商品は、他社に比べてすべて劣っております」

と正直に喋って買ってくれる人などありません。

当然、嘘をついて販売したりするのはルール違反です。

しかし、駆け引きはどうでしょうか？　ルール違反でしょうか？

お客様に納得して＋満足して買って頂く。

現在のＩＴには、まだできない事が一つあります。

商品に「感情」を注ぎ込むという事です。

購買心理学の有名な言葉で「人は感情で買って理論で正当化する」という言葉があります。

売るために必要なのは、理論ではありません。「感情」です。
野村監督は「感情」の駆け引きを、野球に持ち込みました。

仕事をする≠商売をする（駆け引きをする）

――野村監督のライバルは、長嶋さんよりも王さんなのですね？

野村　長嶋は記録的にはライバルとは思わなかったけど、長嶋は間違いなく天才ですよ。一つの例がささやき戦術で、バッティングは集中力だから。集中力を鈍らせようと思ってバッターボックスで話しかけるんだけど全く通用しなかった。「最近、銀座行っているの？」ってささやいても人の話は一切聞いてないんだよ。返ってくる返事が「ノムさんこのピッチャーどう？」だから何か言っているなという気はしているんだけど、「そんな事聞いてないよ！」ってなるのよ。

――それを上回る集中力があったのですかね。

野村　バットをクルクル回してバットの芯がどうのこうのって考えもしないしね。ピッチャーが振りかぶった時のあの集中力は流石に凄いね。

――他の選手はそのささやき戦術で気が散る人は結構あるのですか？

野村　集中力が鈍るんだよ。

――そりゃそうですよね。次どんな配球がくるのかなという時に余計な事言われるとね。

野村　ほんのちょっとでいいんだよ。それから、なんとかバッターにインコースを意識させると効果はあるわね。

結局は、要求はアウトコース中心なんだけどインコースくるんじゃないかと思わせるとアウトコース引いてくるよ。

――それはどうやって思わせるんですか？

野村　例えばランナー一塁でゲッツーをとりたい時、けん制後にスライダー。ピッチャーには「けん制してファーストからボールを受ける時に一切俺を見るな」と言っておくの。下向くようなふりをしてチラッと横目でキャッチャーの構えているところを見るバッターがいるの。そこでけん制させて、インコースに寄ってチラッと見ているからヨシヨシと思って、これはよく引っかかったね。インコースいくぞ！と思わせてけん制させると実はスライダーをアウトコースに。

——今そういう事をやっている人達っているんですか？

野村　いない、いない。

——そういうやり方は教えたりしなかったんですか？

野村　そういう話はしょっちゅうしているけど全然興味ないの。やっぱり勝負事なんだから。騙し合いだから。

——駆け引きは大事ですよね。

野村　彼らは野球をしているんだよ。バッティングをしているんだよ。勝負をしていないんだよ。だから、そこには勝負心は一切ないね。そういうの、物凄くイライラするね。

私たちの仕事に置き換えると、

「みんなただ働いているんだよね。商売していないんだよ。商売心というのが一切ないんだよ」

野村監督といえども選手の教育は悩んだ。

教えられているという感覚の時点で、その企業はまだまだなのだ。

覚えたい。成長したいという士気を作れるかが社長の責任なのかもしれない。

社長業というのは自分の物差しで社員を判断する。当然このような愚痴が出る。

「優秀な社員が集まらないいんだよね」「教えても理解してくれないいんだよ」

優秀な社員が入社してくる。

「今度の社員さん優秀ですね。良い方採用されましたね」

しばらくして、「先日の社員さんどうされたのですか?」「辞めて独立したよ」

優秀な社員は独立するものである。自分が育てずして優秀だったわけだから……。

09

天才と凡才の商売学

商売というのは面白い。

勉強の出来る人が儲かるとも限らない。

次々と新しい発想が出てくる社長がいる。一つの分野に特化して仕事ができるという事であれば分かるのだが、スポーツジム・不動産・エステ・保育園・農園……次々といろんなものを手掛ける。

勉強ができるのではない。商売ができるのだ。

いつも思う。楽しそうに仕事をしていると、きっと商売にはお金儲けとも違う魅力があるのかも知れない。

――今迄監督の話を聞いていると、心理学に近いような事も多々あるのですけど、そういうのは本を読んだりとか勉強したりとかしているんですか？

野村　心理学の本は大好き。

——結構本は読まれたんですか？

野村　無知無学という自覚があるから。やっぱり知識が全くないし野球バカの典型だから。草柳大蔵※という東大を首席で卒業された評論家の方の奥さんとうちの女房が友達だったの。それで評論家を始めた時に女房に「評論家って何だろうね？」という話をしたら、「いい人がいるわよ！」って紹介してくれたのが、草柳さんだったの。

これから評論家で生きていかないといけないから「先生、評論って何ですか？」と訊ねたら「野球で言えば審判のようなものかな」善悪の審議判定を下すのが評論だと。

それは一つの予備知識としてあれば大事だよね。世の中には頭のいい人っているんだなと思って。草柳さんって凄い知識人。

※草柳大蔵（1924年7月18日―2002年7月22日）
評論家・ノンフィクション作家、ジャーナリスト。

野村監督が評論家を始めるときに沙知代さんから紹介を受ける。

野村監督の座右の銘は「生涯一捕手」は、沙知代さんとの結婚が問題視された42歳の時、現役を続けるか、辞めるか悩んでいたときに、「禅に生涯一書生という言葉があります。人間は生涯勉強です」という言葉を教えられ、それを野村監督は「生涯一捕手」とあてはめて好んで使うようなる。

1977年に南海監督を解任された後も、「生涯一捕手」という言葉があったから現役を続けられたとも言っている。

現役引退後も草柳さんに何を勉強するべきか聞くと「本をたくさん読み、人間学を学びなさい」と本を推薦した事から、野村監督の読書の習慣は始まっている。

野村監督の話は、野球論であっても人間論であり、そこには決してぶれない理念がある。

草柳さんとの出会いが、野村監督のその後の常勝軍団を作る指導に役立った事は言うまでもない。


——選手で凄い人と評価ができる監督業が得意な人と、でも選手ではそうでもなかった監督もいるわけですよね？

野村　名選手必ずしも名監督ならずという場合もあるじゃん。

――それは何が違うのですかね？

野村　苦労じゃない？

名選手じゃない人は苦労しているじゃん。

名選手は長嶋を筆頭に天才的な人が多いよ。

バッティングにしても何にしても苦労していないから指導する時に影響するよね。

「お前こんな事もできないのか！」ってなるんだよ。できないものはできないんだよ。

――天性の人にはそれがわからないんですね。

野村　天性の人はわからないんだよ。だから名選手だった人はそういう人が多い。

自分の尺度でものを判断しているからやっぱりできないものはできない。

教え方のレベルまでいかないんじゃない。彼ら

にとって、そんな事は悩む事じゃないんだよ。

野村監督の話は、天性の天才と思うライバル社長を超えるにはどの様にしたら良いのだろうか？という問いの解決になるかもしれない。

そう、天性の人よりも自分はできない人間であるという事を知っている。

だから、同じ境遇の人の気持ちがよくわかるという事だけですが……。

10 中小企業が大企業に勝つための採用とは

――何年目から一軍に上がったんですか？

野村　2年目は二軍のリーグ戦にほとんど出て打率2位になって、シーズンが終わってファーストで飯田徳治さんを追い抜くのは大変だから、キャッチャーに戻りたくて、二軍の監督のところへ行って何で戻してもらえないのですか？って、言ったらそのままやればいいじゃないかって言われて、本当の事を言えないからキャッチャーが好きで、キャッチャーやりたくてこの世界に入りました。どうしてもキャッチャーやりたいですと言ったら、それじゃあキャッチャーやれって。

どんなに才能があっても、努力しても世に認められない事がある。

運なのか？　実力が足りないのか？

おいしいお店なのにここのお店ガラガラだよね。という事もあれば、そんなにおいしくない店でも繁盛している店もある。

先ほどの監督の考えでいえば、繁盛店が集まっている所で店を出してもそこで成功するのは難しい。逆に店舗の少ない地域であれば、すぐに1番店になれるだろうという事だ。

簡単なマーケティングだが、思ったよりもマーケティングが出来ずに失敗する人は多い。

地方で繁盛すると、東京や都心部に出店する人が多い。当然市場が大きいからそこで成功すれば利益も大きいのだが、ライバルも多く、数年で撤退する会社が多い。

何を間違ってしまうのだろうか?

確かに東京は人口が多いので、一定の顧客は取れるかもしれない。しかし、地方の顧客と東京の顧客の質が違うのである。

地方の顧客は自社が地域Ｎｏ・1店舗だから、相手にする顧客も上顧客である。

東京でＮｏ・１になるまでは、どうしてもお客様を取りに行く営業になるため、相手は上位を取られてしまった後の下位の顧客層になってしまう。当然利益の少ないお客様になるから儲からないのである。

この時点で監督としての素質があったのだと思う。

常に全体の戦力を分析しながら、自分の実力と比較し自分のポジションを作る。自分だけを見るのではなく、全体を見渡す視野と戦力分析。『敵を知って己を知る』野村ＩＤ野球が動き出す。

野村　ある時、肩を強くするにはどうしたらいいのかって色んな人に聞いたんだけど、足が速い・肩が強い・遠くへ飛ばす……これは天性だと、努力しても無駄だと言う人がほとんどだったの。

ある人は遠投がいいんじゃないかと。

遠くに投げるっていうのは全身を使うから正しい投げ方を自然に身に付けるから遠投をコツコツやるのが一番いいじゃないかと先輩に言われたんだよ。

それで同じ時期に入った熊本出身の成松っていうバカみたいに人が良い奴に、試合が終わった無人の球場で、俺遠投やりたいけど相手がいないんだよなって言ったら、ライバルなのに「俺やってやるよ」って言ってくれて2人で遠投始めたの。

それで1カ月位やっていたけど全然飛距離が伸びないので、やっぱり皆が言うように天性なのかなと思いかけてた時に、一軍の練習の手伝いをしていた時に、堀井数男※さんていうレフトやっていたレギュラーの方にキャッチボールを一緒にやってくれと言われたの。緊張するじゃない。レギュラーで5番バッターだから。

取りにくそうに「真っすぐ投げろよ、コラー‼」って怒られた。

「ボールをどう握っているんだ、見せてみろ」って言われて見せたら、「バカたれ‼ ボールの握り方も知らないのか」って、また怒られた。

そんなの教えてもらった事ないから、学生時代もボールの握り方はどう握るのかなんて、ちゃんと教えてくれる人は誰もいないから、自分で変化球の握りをしていたんだよ。

それで初めて正しい握り方を教わって投げてみたら良い球が投げれたんだよ。

俺は握り方を間違っていたんだと初めてプロで教わった。それから遠投も伸びるし、キャッチャーは肩が強くてセカンドへの送球がいいのが一番の条件だからね。

それでコツコツやって2年目のシーズンが終わってキャッチャーに戻してくれって、そこまで言うならやれって、ボールがビューンっていい球いくんだよ。監督がビックリして、えっ?? お前どうしたんや、どうしたんやって言われたって笑うだけでね。

お前本当に良いボール投げるようになったなぁ!って。その二軍の監督もキャッチャー出身なんだよ。それで球場で構えはこうだ! 足の動かし方はこうだ! 腕の動かし方はこうだ!って初めてそこで教わった。そういう過程を経て徐々に信頼が付いてきて2年目に一軍が優勝したんだよ。

※堀井数男

南海軍2年連続でベストテン入りする中軸選手。強肩の左翼手として知られる。

景気の良いときであれば、社員教育に先輩社員が付きっきりで研修施設で1カ月という時代もあった。私の時も1カ月間無人島での研修があった。

その後も先輩と同行をしたり、仕事後も先輩の部屋で夜な夜なロープレをしたのを覚えている。

現在は、以前ほど景気が良いわけではないから、バブルの時のように新人教育にお金をかけられない。また、企業も終身雇用を考えて雇う会社が少なくなっているので、即戦力でなければ雇用をしないという会社もある。

中小企業には、即戦力の人間などなかなか採用できない。

でも、当時の野村さんのような無名だが、やる気のある人間は採用できるかもしれない。

私は思う。中小企業の採用基準が学習能力であれば、上場企業よりも優秀な人材は取りにくい。それでは何時までたっても大手には敵わない。

学習能力は未知数だが、やる気のある人間ならば、伸び代はあるはず。

弱小球団の監督であるならば、現勢力で勝てな

いのであれば、強くなる選手に投資するべきなのである。

本日の対談が3時間近くなろうとしている、監督の目が力強く遠くを見ていた。

11

社員教育のあるべき姿

昔は誰かに物事を教えて頂くときに、師匠と弟子という関係があった。

私も会社に就職したての時は、営業のできる先輩に言われた。

「一言で言ってしまえば簡単な事もある。でもみんな仕事を取るために必死に考えて、失敗して出来たノウハウを、簡単に後輩に教える事はできない。それで一生ご飯を食べる事ができるのだから」

基本的な事は、教えてやる。ただし成功するノウハウは盗めという事である。

私の営業時代、先輩社員のお客様に対した時の目線の置き方、入りの声のトーン、出るときの話口調。話す順番は、まるで詰将棋のようだった。

一生お金に困らない術を教えてもらうのだから、教えてくれない会社が悪いという姿勢ではダメなのではないだろうか?

新入社員も3カ月もしないうちに営業ができる社員とできない社員の差がついてくる。何が違うのか、マネをしている社員と考え方を盗んでいる社員との違いにある。営業のロープレの練習をいくらやってもその差は埋まらない。何故なら話す順番を暗記しているだけで、お客様の状況に応じた判断ができないのである。

仕事ができる人間とできない人間の差は、シンクロ率の速さである。できる人間は、お客様と話すときに呼吸を合わせて鼓動の音を合わせてくる。シンクロが早いとお客様との共鳴が早く受け入れてくれやすくなるから、成約できるのである。逆にお客様とシンクロができないとどれだけ練ったクロージングトークを持って行っても成約できないのである。

野村監督は、この対談の際『闘将野村　弱小企業を一流へと導く新経営理論』というタイトルを見て、「全く見当違いの所に来ていないかい？　俺は野球の野村だよ。こんな野球屋に経営なんてわからないよ」と笑っておどけてみせる。

こちらが緊張しないように、監督から雰囲気を作ってきて、私との間合いを詰めてくる。一気にこちらも話しやすくなる。

監督時代マスコミを上手に利用した、野村監督の営業話術である。

まだ、監督が二軍時代に、一軍が優勝した時の話である。

野村　3年目のキャンプがハワイで、二軍から応援を出す事になって先輩で小杉さん・相場さんという人がいたので、この人達迄と思っていたら、俺が推薦してもらえて一軍キャンプに同行したの。

ハワイでは、日本人が経営するコバヤシホテルに泊まっていたんだけど、夜は誰もいなくてマネージャーと俺だけ。給料安いから小遣いも持って行かなかった。1日2ドルの手当てが出たので、それを5日間貯めて土産を買って帰ろうと決めていたから、どこにも行ってない。

それで、明日日本に帰るって日に同級生の戸川というピッチャーがいて、そいつの親戚がハワイにいたから俺がどこにも出てないからと、親戚の家だけど行くか?って誘ってくれて食事に招待してもらったの。門限23時だから帰ろうって言うと、今日は最後の日だからいいだろうって事になって、遅れて帰ったら、ホテルの本館から旧館の通路で大声で全員を集めて説教してるの。しばらく隠れて様子を見ていたんだけど、どうせ怒られるんだからと出て行ったら案の定大声で怒鳴られてビンタされて、正座させられて、その時は折角チャンスを摑んだのに帰ったらまた二軍かよって凄いショックだったな。

海外旅行なんて珍しい時代だったから、皆観光気分で練習どころじゃなかったんだよ。延々とハワイキャンプでの反省の説教を聞かされて、ハワイキャンプは大失敗だったってなったんだよ。でも帰国後の新聞に、その中で一つだけ収穫があった、野村に使える目途がついたって監督のコメントが書かれていて、これは嬉しかったね。凄い自信になった。

会社にはお荷物社員と支える社員がいる。

自分の給料分しか稼げない社員。会社の経費や他の事務員等の間接経費等も入れると会社にとっては赤字の社員である。

給料をもらう事が当たり前というような自己主義の社員が増えると、会社の士気は下がり、会社の経営は傾き始める。

自分が会社を支える側の社員になった時に、喜びを感じられる社員をいかにして採用し、教育するかが会社の将来を作るのである。

教育が難しいと判断したのならば、残念だがすぐに辞めてもらうしかない。

時にそのような社員に辞めてもらう事で、他のやる気のある社員の士気が上がる事もあるのだ。

12 会社を支える家族　家族を支える会社

野村監督には、監督と同じように有名な野村沙知代さんという奥様がいた。「いた」、という過去形になってしまうのが残念である。

野村監督の沙知代さんへの有名な言葉で、
「仕事は世の中に沢山あるけれど、伊東沙知代は世界にただ一人しかおりません」
という言葉がある。

私が、その発言について聞いてみると、しかめっ面して「本当に俺は女運がない。はぁ……」
とため息をつく。

本音は別にして「英雄色を好む」という言葉はありますが、野村監督の家庭にはもう一人の英雄がいたという事でしょうか。

結果、当時の野村監督は前妻と離婚が成立していない段階でしたので、その発言で南海をクビになりました。

女性冥利に尽きるといいますか、無鉄砲と言いますか、付き合っていても「付き合っていない」と言う今の芸能界に比べて、責任を取るという男らしさは間違いないでしょう。

普通の男性であれば、今まで築いた地位を捨ててしまった事に対して、野球しかしてこなかったわけですから、

後悔や発言の撤回も考えそうなものですが、野球界に復帰できないと考えている監督に対して、沙知代さんの言った言葉は「ごめんなさい」でも「頑張りましょう」でもなく「何とかなるわよ!」

これもまたカッコいい!!

これを言われてしまったら、男性は後ろを振り向く事はできない。

安心して前に向くだけである。

――今回は私生活やプライベートとか野球以外の関係も教えてもらいたいのですが。

野村　今は女子アナでもグラウンドにちょこちょこ顔を出すけど我々の時代は一切なかったからお見合い結婚が多かった。

――それは恋愛している余裕とか出会いそのものがあまりなかったんですか？

野村　出会いなんてないよ。女性を求めるなら大阪だったら北新地・ミナミしかなかったから。

――お見合い結婚が多いですよ。いいとこのお嬢さんや社長令嬢。

野村　俺の最初の奥さんは中小企業だけど社長令嬢で先輩に紹介されたんだよ。

我々の習慣としてそういう所に招待されると必ず食事が出てくる。

野球が終わってからその家に行って、めちゃくちゃお腹空いていて、そのまま応接間に通されて待てど暮らせどお茶しか出てこない。

一般の人は22時・23時に晩御飯を食べるなんて常識がないから当然お腹は一杯で食事は終わってきていると思っていたらしいんだよ。

それで当時大阪に焼肉屋が少なかったから終わってから先輩と食道園に肉を食べに行ったよ。

当時の野村監督の結婚秘話である。
新婚当時は沙知代さんが、よく監督においしい料理を作ってくれたという。料理は上手で、中でも得意料理はローストビーフだった。

――食生活は結構気にされるのですか？

野村　めちゃめちゃ気にするよ。食べるのも仕事だからね。

――肉・魚・野菜どういう配分なのですか？

野村　食べるのは肉が中心だね。

――お酒も飲まないって書いてあったのですけど。

野村　お酒は一切飲まない。

――魚はあまり食べないというのは何かあるのですか？

野村　魚じゃホームラン打てそうな気がしないじゃん。ホームラン打つ為に食事するわけだから肉しか食べない。

外で食べると、合宿生活の時は帰る前に寿司屋寄って晩飯二度食べる。

――焼肉を食べた後にお寿司屋も寄るんですね。凄い量食べているのですね。

野村　お前は、よう食うなって言われた。昼頃に起きるから、朝昼兼用だけど。

――今迄それで肉ばっかりで体壊されたり体調が悪くなったりはないんですか？

野村　ないね。肉食うとパワーが生まれるようなそういう先入観だよ。

最近は日本食の方が多いかな。

――今は多少運動したりとかしているのですか？

野村　何にもしない。

――それでも具合悪くならないのですね？

野村　朝散歩したりジョギングしたりするのがわかんない。

――散歩やジョギングするのがわからないとはどういう事ですか？
野村　朝起きて走ったり不健康でしょ。心臓に負担かけちゃいかんわ。長生きしている動物考えてみなよ、亀は千年、鶴は万年。ワニとか亀とか動かないじゃん。バタバタ忙しい動物は短命じゃん。

――確かにそう言われてみればそうですね。

野村監督は、話が面白いし空気を作るのがうまい。当然女性にもモテるはずだが、
「お金の管理を握られているから出来ないよ。全部カード」
「現金くれないから、浮気もできない」
と愚痴をこぼす。

19時をまわった頃だろうか、奥様が迎えに来て、一緒にご飯を食べて帰る。

奥様にはテレビで見るときの強烈キャラの迫力はないが、そこには長年連れ添った理想の夫婦像があった。

野村監督は、家庭は全て沙知代さんに任せていたという。

「家では私が奥様の支配下選手だ」

と言っていたのを思い出した。

13

仕事のできない経営者の選択肢

――普段、監督は何時位に寝られるんですか？

野村　夜の2時半、3時かな。

――朝は何時に起きられるんですか？

野村　昼頃。

――朝起きるんじゃないんですね。

野村　遅寝遅起き。

――昔からですか？

野村　そう、60年の習慣だよ。銀座のお姉さん方と一緒で仕事が夜だから。夜11時から夕食だから。

――それでいうと今まだ昼ご飯という感じですね。

ホテルニューオータニにて夜8時の会話である。

野村監督二軍時代ハワイでのキャンプでの出来事。

野村　今日からハワイのチームとオープン戦っていう時に、今日の先発メンバーの発表があってキャッチャーのレギュラーの松井さんが肩が痛いから休むというから、先輩の小杉さんが出るとばかり思っていたら、ハワイで毎晩遊びに出ていたから怒られて、小杉！　お前は日本帰ったらクビじゃ！って。

やけくそで野村行け！って言われたの。

――その時は、結果が出たのですか？

野村　ハワイのチームはレベルが低くて、日本の二軍レベルだから手頃な相手でコンコン打てたの。

それで送別会で表彰してくれたの。

最高優秀選手に飯田徳治さん、新人賞ピッチャー部門に梅本、野手部門に野村って、俺だ～ってなってビックリしちゃった。

――翌年から普通に一軍に上がられたんですか？

野村　ハワイキャンプから帰ってからだよ。ハワイキャンプのオープン戦で使ってもらえて調子良く活躍できたんだよ。

それでも日本に帰ったら無理だろうなと思ったんだけど公式戦も使ってもらえたんだ。

――すぐに結果でましたか？

野村　初ヒットが出ない。公式戦26打席目かな、25打席ノーヒットだよ。

――それはやっぱりプレッシャーがあったという事ですか？

野村　何もわからないよ、教えてもらってないし。

やっぱり上がって一軍の球は違ったというのか、新たにプレッシャーで緊張していただけなのか？

野村　二軍の時にずっとネット裏から一軍の試合を見ていたんだよ。当時は真っすぐとカーブ、シュートの時代でカーブが大きいとそれが打てなくて、お客さんにまで有名になっちゃって、カーブの打てない野村♪ってそれぐらい変化球が駄目で三振続けていたんだよ。

よく使ってくれていたけど何で使ってくれていたかはわからないけど、何か将来性が見えたのかな。自分で言うのもおかしいけど、こいつしっかりしているなっていう事は監督自身が感じていたのかな。

――そのカーブとかもいつ位から順応するようになるんですか？

野村　業界でも悪い言葉なんだけど山を張るっていう事は恥なんだよ。

あのバッターはどんなバッターかと聞かれた時に、あいつは山張りだってバカにする言葉なんだよ。

ストレートに合わせながら変化球に対応していく、そういう理想像があったんだよね。それをやっていたら三振ばかりしていて、変化球にからっきしついていけない、そこで自分で覚悟を決めたんだ。

こんな事していたら、せっかく摑んだチャンスも逃がしちゃうと思ってね。俺は山を張って生きる！　そう決めたんだ。

山張りと言われてもいい、バカにされてもいい、そう思って俺は山を張らないと変化球に対応していけないと。幸いにもキャッチャーだったからね。

事業を始めてみたはいいけど、上手くいかない。

当初の自分の思い描いていた通りにならないという事はよくある話である。

野村監督は、今までに何度も口にする。

「俺は天才じゃないんだよ」

と。

野村　才能がないから考えるしかなかったんだ。
だからオールスターでは、ほとんど打てなかった。
なぜなら、セ・リーグのピッチャーは殆ど初めて見る選手だから打てないんだ。

会社が赤字であるならば、次の方法を考えるしかない。
何時までも過去の栄光にすがっていても仕方ない。
時に見栄やプライドは、経営の邪魔になる。
私は、出来ない経営者だと言い聞かせる事から始めると見えてくる事もある。

14

マーケティングの極意
――敵を知って己を知れば百戦して危うからず

敵を知るために、野村監督はライバル投手の情報収集を始める。

――3割打てるようになっても皆そんな真似をしようとしなかったのですか？

野村　そういうのを敵に知られたくないのもあって、今はビデオがあるから便利だけど、16ミリしかない時代に相手ピッチャーの投球フォームを16ミリで撮ってもらって、それを擦り切れる位見たよ。それが大投手、稲尾攻略に繋がるんだけどね。

当時は嫌味な事ばっかり言う監督で、おはようございますって挨拶すると、お前は安物ピッチャーはよく打つけど一流は打てんの！って言われて。

当時は西鉄ライオンズがライバルで常に優勝争いしているチームだったから、西鉄のエースが稲尾※で確かに稲尾からは打ててないのよ。

※稲尾和久
多くの逸話を残した選手であるが、一番有名なセリフが、「神様、仏様、稲尾様」だろう。読売ジャイアンツと対戦した日本シリーズで、稲尾選手は7試合中6試合に登板し、第3戦以降は5連投。うち5試合に先発し4完投。優勝する。

野村監督は、稲尾選手の変化球による絶妙な左右への揺さぶりと、その完璧な制球力を絶賛しており、「技巧派」の投手の代表格として稲尾選手の名前をあげている。直球については「稲尾のストレートは当てられないほどではないが、凡打、三振させられてしまうのは、その球質に原因がある。球速、球威が最後まで衰えない、いわゆる『球がホップする』球質なのである。稲尾の球速は145キロ程度、しかし手元でよく伸びてくる。体感速度が速い。『来た!』と思ってバットを振ったときには、すでに手元までボールが来ている。だから差し込まれてしまう」と語っている。

野村　当時はボールの握りが見えたからね、その癖を摑んで稲尾攻略に成功したんだよ。

それをオールスターの時に、稲尾・杉浦※・俺の3人でセ・リーグのバッティング練習を見ていたエースの杉浦が稲尾に「野村は、よ〜く研究しているで」ってばらしちゃったの。

※杉浦　忠

1959年一の大きな伝説を作っている。南海vs巨人との日本シリーズで、南海の鶴岡監督は、これまで一度も巨人に勝っていなかった。しかしエース杉浦忠が巨人の前に立ちはだかる。杉浦忠は、第1戦の先発で8回、第2戦5回からリリーフで完投、第3戦は先発で延長10回を完投、第4戦も先発で9回を完封と4連投4連勝を実現させた。

杉浦選手は、史上最強のアンダースロー、立教三羽ガラス、幻の大リーガーなどの多くの称号を残した。野村監督も「杉浦忠のボールは右打者の背後からカーブが曲がってくる、そして背中を通る軌道がストライクになる」という言葉を残したほどの大エースだった。

――そしたら向こうも次から対策もしてきますよね。

野村　稲尾の顔色がパッと変わってヤバいって思ったんだけど、気が付いてないと思っていたら、さすがエースだね勘はいい。オールスター後の初めての対決の時、いつもの癖で100％インコースじゃないって事をチェックして見逃したんだよ。アウトコーススライダーのはずがビューンとインコースシュートが来た。ビックリして稲尾を見るとニタ～っと笑っていて、あっ、ばれたわ！

それ以来、稲尾が各球団のピッチャーに、最近のバッターはピッチャーのボールの握りまで見て打っているらしいでって、噂を流してそれで今では皆隠しているのよ。

――やりづらくなりますね。

野村　でも執念っていうのは凄いなと思って。隠しても癖は出るんだよ。やっぱりストレートと変化球の握り方は変わるからサインを見てクルクルっとグローブの中で回すと動くでしょ。そこで振りかぶって少し長く出る癖の人もいたし、頭の上でこの距離が長いと真っすぐで、短いと変化球とかってあらゆる方向で癖を見抜いてた。それをしないと俺は不器用だから打てないからね。

俺はオールスター・日本シリーズでは打てない、大試合に弱い野村って言われてもセ・リーグのピッチャーはわからないじゃん。日本シリーズで癖がわかった時にはもう終わっている。あの時は嫌だったな、大試合に弱い野村って言われた時には頭にきたよ。

経営も一緒である。どれだけ相手の戦力を収集し、相手の弱いところを突いて勝ちに持っていくかである。

野村監督の戦略は理にかなっている。

全ての球種に強くなる必要はないのだ。

企業を強くするには、いくつかのポイントがある。

1　自社の能力を高める（ブランド力、営業力、商品力）

2　相手のシェアを落とす（先方の広告を見て、それよりも安い金額で広告を打ったり、先方の営業マニュアルを理解したうえで、先方の商品よりも勝る事。そして先方の商品にはできない事柄を理解して営業する）

企業経営には1と2を同時に行わなければならない。

現在の経営はデジタル化になりスピード経営といわれる。

大きな利益を出すためには、相見積もりにならない圧倒的なシェアNo・1を取らなければならない。

シェアを取り合っているときは、利益を削りあっているので儲からない。

一度、No・1シェアを取ったらそれにあぐらをかく事なく、新製品やサービスを出し続け、ライバル会社にこの事業から撤退してもらうのか、頃合いを見て下請けになりませんか?と手を差し伸べるのである。

この手法をされると、2番手・3番手の会社は利益をすり減らしながら仕事をして行くしかないのでじり貧になるのである。

では、2番手・3番手はどの様にしたらよいのだろうか?

相手企業の1番儲かっている商品(サービス)を利益なしで販売する。

その代わり相手のあまり得意としていないシェアの少ない商品を自社の得意分野として利益を上げるのだ。

理屈はこうだ。No・1企業Aに対して企業Bはシェアがその5%とする。

Aは　販売価格1万円、原価8000円　個当たり利益2000円出るものを年間100万個販売する。

Ｂも同じく、販売価格1万円、原価８３００円　利益１７００円の商品を5万個販売しているとする。

※Ｂは、Ａよりも仕入れ個数が少ない為、原価を３００円高く計算しています。

商品が似たようなものであれば、お客様は価格で選ぶ。

Ｂが価格1万円のものを７９８０円で売り始める。

5億円の売上に対して、個当たり３２０円×5万個で１６００万円の赤字である。

しかし、Ｂにとってこれは広告宣伝費である。

『当社の商品は、Ａと変わらない品質で1個２０２０円も安いのですよ』

目玉商品を作る事で、他の商品も売れる。


Ａも次第にシェアが取られていくのとお客様からの要望もあり、仕方なく値段を合わせる。

20円の赤字×１００万個＝２０００万円の赤字である。

それ以前は利益が２０００円×１００万個＝20億円利益が出ていた会社が、その利益が出なくなるのである。

当然、大量に売っているものに関しては、それに伴う間接経費も大きい。倉庫代・販売員・物流費・人件費・広告費。これら間接経費は必ず掛かってしまう。急にこれら間接経費の削減は難しい。また次のドル箱商品を探さないといけないのだ。大企業ほどドル箱の商品を狙い撃ちされると弱い。20億円の利益を失うので、リストラや広告費の削減、資産整理……という道を選ばざるをえない。

Bの会社は利益が出なくなった商品は、お客様を呼ぶための撒き餌商品であり、No・1企業よりも安く売る会社として、ブランド価値まで得る事ができる。

Aの最も不得意とする商材を、B社の利益の上げられる商品にして、商品シェアをNo・1にしたら良いのである。

中小企業の社長と話をする。

「そんな価格で売ったら赤字になるじゃないですか？」

集客を増やして総合利益を上げるには、実弾作戦が一番早い。

『赤字』ではなく、それを『広告費』という考えができなければ、1番店への道のりは遠い。

スーパーを考えて欲しい。１３０円で仕入れた卵１パックを、チラシには『98円セール、一家族１パック迄』として販売する。30円で仕入れたもやしを『もやし10円一家族２袋迄』としてチラシに載せる。

確かにその商品だけ見れば赤字だが、ついでに調味料も飲料水も鮮魚も買って帰るのだ。

当然、トータル利益は大きいものになる。

一番効果的な広告手法は『実弾広告』なのだ。

卵ともやししか買わないで帰られたらどうするのかって？

その人は、近所の奥様にこのように話すだろう。

「あそこの新しく出来たスーパー、ビックリするくらい安いわよ」

たった原価50円で、信頼性の高い知り合いからの口コミ広告を吹聴してくれるのである。

マーケティングと戦術の基本的な考え方だが、ほとんどの会社がマーケティングまでは行うが、それから先のライバル会社のシェアを減らす作業まではしていない。

相手のシェアを減らす為のマーケティングもしなければ、意味はないのである。

これは地域の商売にも同じ事がいえる。

近隣に同じような店舗や商売がある場合に、相手の利益が取れている商材を利益が出ないように身動きを取れなくして（チラシを出せない。営業マンが雇えない・ショールームを出せないなどの営業活動をできなくする）、自社の地域のシェアを取るのである。

利益の最大化は、地域・シェアNo・1しか取れないのだから。

15

新入社員とメジャーリーグ

中小企業の会社が自分の求めている社員を雇用するのには、ハードルが大きい。

当然、学生にはよく分からない中小企業の一つに過ぎない。

有名企業から面接して、落ちたら仕方ないから地元企業でも行こうかという感覚である。

しかし、実際は少子化の現在、優秀かどうか以前の問題で応募すらないという事もある。

中小企業の社長は数ある石ころの中から、ダイヤの原石を探す能力が必要になってくる。

——前に高校野球の監督になりたかったというお話もありましたよね。
野村　プロを目指した目的がそこだから。プロ野球に入って2・3年野球を勉強して田舎に帰って我が母校の監督をやろうと思ってた。それが3年後一軍に上がって方向が変わっちゃった。

――今でも高校野球を注目して見ているのですか？

野村　大好きだよ。高校野球見ながらスカウトやっている。

――こいつとこいつ欲しいなと見ているわけですね。大体その年のスカウトで当たりますか？

監督いつもピッチャーからって話をしていますけれど？

野村　ピッチャーを取るのは、難しいよな。

――マー君をとられた時は、これはいけるという感じだったんですか？

野村　マー君と斎藤が甲子園で投げ合って、もうプロで取るんなら田中で斎藤は社会人野球でプロ向けではないと思った。

――社会人野球ならもっとできましたか？

野村　そこそこできたんじゃない？

――何が違ったんですか？

野村　特徴がないじゃない。スピード・コントロール・バッターが嫌がる球種を一つ以上持っているとか何にもないじゃない。

――田中選手の場合はどこがピカイチなのですか？

野村　コントロールはないけど球は速い。

――もっと磨いたらもっといけるっていう事ですか？

野村　きちんと指導をすれば田中の方が伸びると思ったし、プロ向きのピッチャーだ。斎藤は大学に行くと思わなかったけど進学したから自然と田中になったんだけど。

――その後メジャーリーグまで行きましたけどあそこまでなるとは思っていたのですか？

野村　俺がいる時には一言も言わなかったからメジャーリーグに行くとは知らなかったね。今はメジャーもレベルが下がったね。日本の選手がバンバン活躍している。我々の時代からは考えられないよ。

1年おきに日米野球があって、王や長嶋がメジャーに行ったらどれ位打つかなとか、2割8分打てばいい方じゃないかとか言っていたけど、それくらいメジャーは遠い世界だったんだよ。

――当時のピッチャーでも通用しなかったですか？

野村　当時は野球知識も低かったし、我々の頃のメジャーリーグは地球の裏側だから。とてもじゃないけどメジャーで生きるのは遠い世界だから考えもしなかったよね。

――メジャーを見ていて、メジャーのキャッチャーの選手はやっぱり考えているなとか当時は思ったんですか？

野村　何にも考えてないよ。キャッチャーとは？　って聞いてみたいぐらいだよ。ピッチャーを助ける女房役でもあるんだよ。ピッチャーが困っている時に助けてあげるのがキャッチャー、そういうのをみじんも感じなかった。ただ肩が強いっていうだけだね。

例えばノーストライクツーボールとかワンストライクスリーボールとかカウント的に困るじゃない？　そこがキャッチャーの出番だわ。困った時にどうするかと外国人選手に聞くでしょ？仕方ないで終わりだよ。裏をかくとか狙いを外すとかそういうのはない。

——そういうのを聞くとメジャーリーグでもやってみたかったとかあるんじゃないですか？

野村　今は逆輸入で日本の野球をメジャーがやってんじゃない？

日本の戦術でいっているから、日本人はそんなに考えてやっているのかとビックリしているんじゃない？

ヤクルトの監督時にユマキャンプの手伝いにきてくれたコーチが3人ほどいて、その中にパット・コラレスというメジャーでコーチをやっていたのが来てくれたんだよ。

それで休憩時間に彼に「日本の選手が何で、メジャーリーグでバリバリ活躍できるんだ？」と聞いたんだよ。

すると、俺がやっていた頃のメジャーは16チームで、今は30チームもあると。16チーム時代には間違いなくマイナーの選手が今では大きな顔してメジャーでやっている。だから選手のレベルが下がっているという事だった。

そして、日本の選手のレベルも上がっている。我々の時代はメジャーの試合を見ることは先ずなかったから。

今はBSでも何でもメジャーの真剣勝負が見られる。当時は、見て学ぶという事ができなかったのよ。

当時はやって学ぶしかなかったからね。メジャーは遠い地球の裏側だと思っていたから、あのONでもメジャーなんて考えなかった時代だから。

メジャー単独チームとオールジャパンで日米野球をやった時も、あの400勝投手のカネヤンでもコンコン打たれて、江夏も同じように打たれて真っ直ぐが通用しない。俺もキャッチャーやっていて本当に凄いなと思ったもん。

――何投げさせても打たれてしまうのですか？

野村　特にストレート。どんなバッターでも通用する、変化球低めしか通用しないっていうのが、キャッチャーやっていての実感。

――逆にその時メジャーリーグの選手見ていて全然ものが違うなっていう風に思うのですか？

野村　日米野球やっていて正にメジャーリーグは力が全然違うし、遠い世界だなって思ったよ。だから当時はメジャーでやるなんて思う人は誰もいないよ。今は日本人も簡単に行けるようになって大きな顔している。メジャーは夢の世界だったのにガッカリだよ。

『井の中の蛙大海を知らず、されど空の青さを知る』という言葉通り、当時の野村監督は、海を渡ったメジャーリーグは知るすべもなかった、けれどもメジャーの選手よりも野球の雄大さ・奥深さは知っていたのかも知れません。

私の今いるところは、メジャーリーグなのか？　井の中の蛙なのかは分かりませんが、さらに大きな海があるかもしれないと思ったら、もっと泳ぎの練習をしておかなければと考えてしまう。

16 社員戦力の最大化！――伸びる組織の作り方

――選手の使い方もそうですけど、監督が選手の時にピッチャーのモチベーションってどの様に上げるのですか？

例えば今日試合でこの選手調子悪いなぁとか、今悩んでいるのかな?といったときもあるでしょう。普段選手とはプライベートな付き合い方は一切しないという事でしたけど。

野村　選手・コーチとは一切付き合わないよ。

――でもそうすると中々選手とも信頼関係が築けなくないですか？

野村　プライベートで付き合わなくても、練習や試合とかで十分信頼関係は築けるよ。

――それこそマー君が4連敗していた時なんかはマー君自身もモチベーションというか気持ち

的にダメなのかなと思っていると思うのですけどどうですか？

野村　彼は良い球団に入ったと思うよ。ピッチャーの層が薄い良い球団に入ったよ。本人は思ってないだろうけど使わざるを得ないんだもん。

実力の世界でありながら実力がなくても使わざるを得ない。他球団は、最低先発ピッチャー5人いるのに岩隈しかいなかったからね。ダントツの最下位のチームの監督を要請されて、やっと3年、これからって時に契約終了。4年後星野※が優勝して良い所をまた持っていかれたよ。

※星野仙一（1947年1月22日－2018年1月4日）

プロ野球選手、監督、解説者。

野村監督と同時期に活躍した野球選手であり監督である。

野村監督と選手の教育方針も180度違い「燃える男」「熱血漢」「鉄拳制裁」といった選手の指導に殴る蹴るといった場面もたびたびテレビでも放送された。

現在の会社であれば、罵倒して体罰をすればすぐに訴えられてしまうところだが、野村監督とまた違った人心掌握術を持っており、星野監督流の選手教育であった。

その結果、野村監督後に引き継いだ阪神・楽天でも優勝をしている。

野村監督が、選手の自主性を促してチームを作り上げるのに対し、星野監督は威圧的に振る舞い、選手を強制的に動かし優勝へと導いた。

教育方針は両監督とも全く違うが、一緒なのはともに多くのファンや支持者がいた事である。

野村監督は1年で辞めると言った阪神球団に、星野の様な監督でなければ立ち直せないと言っている。

選手のタイプによっては、全てが当てはまる訳ではないという代表例かも知れない。

現代ではなかなか難しい経営方法になるかも知れないが、土台ができていない会社にいくら「経営方針」「目標」といった柱を立てても柱すら立たない。

三十年前には当たり前だった軍隊的会社経営が、現在でも必要な会社は多々ある。

社員が社長の話をまともに聞かなくなったとき、星野監督の様な右腕がいたらどれだけ心強いだろうか。

星野監督もまた、時代に必要な監督だった。

社長の仕事は戦力の最大化である

今まで期待していなかった社員を役職に就けたら急に成果を残したり、逆にやるだろうと期待していた社員を役職に就けたら、口ばかりで部下に指示を出すだけで自分は何もしないといった社員もいる。

経営者と社員の間に埋まらない溝を、経営者は社員の事を考えてモチベーションを上げようと、歓迎会や飲み会をしたり運動会をしたり社内旅行をしたりと考えるが、効果があるのは今まで話した事のない人間とコミュニケーションができたといった程度で、あまり効果は出ない。それは、社員は会社の事は考えていないからだ。

「むしろ当社は、仕事とプライベートはきっちり分けています。社内行事や社員旅行はありません。その代わりその分もボーナスなど別に手当で支給しております」

という方がどれだけ求人効果が高いだろうか。

会社行事やイベントは、社員のやる気や士気を上げる為の行為であるが、子ども扱いされた社員は、手取り足取り指導する世界をそこの会社のルールと考えるから、受け身の考え方になる。

初めから『貴方はプロ』ですよ。自分で考えて動けなければ、プロ失格です。

失格であれば、仕事で使わないだけです。

と突きつけられたらどうだろうか？　やる気のあるないではなく、与えられた仕事を達成するために考えるしかないのだ。

昔は年功序列といったように実力以外で役職を付けていた時代もあったが、そろそろその役職自体もなくしても良いのではないだろうか？

昔は、入社した会社で最後まで勤めるといった考えだったから愛社精神教育が必要であり、社員もそこの会社で一生勤めあげる以上、そこの会社で自分のポジションを取ろうと必死だった。

社内営業は得意だがあまり働かないといった社員が、社内では上司に気にいられ部下に強く当たったりする。

役職でのグループを作るから、下の社員の手柄も上司の手柄となり、私が仕事をさせましたと大きな顔をさせてしまう。あるのは、部署と役割であってそこには縦の関係がなくても成り立つ。

もちろん経営に向く人間がいれば、社長＝経営判断も役割として任せてしまい、自分が株主という立場に入るといった極端な考えでも成り立つ。

監督とも何度か対談したが、監

督は選手に個人的な感情は入れない。

選手の個々の個人的な情報をあまり聞いた事がない。

「何故、選手とプライベートで出かけないのですか？　コミュニケーションは取らないのですか？」

監督と行くとそこで行った選手と行かなかった選手の間に不平不満が出る。

「俺は連れて行って貰えなかったとなる。だから行かないんだ」

社員が社長に求めるのは公平な評価である。野村監督は社員目線でどの様に見られるかも常に考えている。

社員は社長の動きを見て自分の戦力をどれくらい開放するのか考えるのだから。

17 殴った方が勝者なのか？殴られた方が勝者なのか？

【雑談】

――お金の管理は奥様がするんですか？

野村　皆ギャラでも給料でも振り込みだから俺の手元には一銭も入らない。１００％奥さんが管理している。俺貧乏、奥さん金持ち。

――でも逆にその方がちゃんと財テクされているのではないですか？

野村　ちょっと金くれと言うと、何でお金いるのよ！　カード持っているじゃない！　女でしょ！ってピンポーンだよ。

――そしたら浮気できないですね。

野村　もう浮気する元気もないけどね。

何度か対談しているが、野村監督は決して偉ぶらないし、上からものをいう事もない。謙虚にどんな雑談でも返してくれる。

私の歳と監督は40歳近く違うが3時間話していても飽きさせない。面白いのである。

監督時代、新聞やテレビに取り上げてもらうために、マスコミを飽きさせない話題を提供できたのもこの話術（営業力）があるからかも知れない。

——野村監督が監督時代はキャッチャーには癖の見方や癖の利用の仕方は教えてきたんですか？

野村　教えるも何も興味持たないもん。

——それは無理ですね。

野村　ベンチで真っすぐ！　カーブ！って言っていると、どこでわかるのですか？って聞くからこうなったら真っすぐでこうなったらカーブだ。あっ！　本当だ！　有難う御座いました！って、バッターボックスでそれに合わせて打つのかなと思ったら、見逃しの三振で帰ってくる。何やってんだお前！　癖出ているじゃないか！って言ったら、あるバッターが一生懸命癖を見ていたらボールがここまで来ていたんですって（笑）、馬鹿かお前はって！　笑っちゃったな！

ああいう癖を利用するっていうのは慣れなんだよ。いまだに俺はピッチャー見てると癖探ししているよ。

社員教育には、二つのパターンがある

教えてください・アドバイスをくださいと言って、自ら動く者。また、言われないと動かない者、結果同じ仕事をしていてもこの差は大きい。

自ら動く者は常に考えているから、疑問が生まれ質問が生まれる。

与えられないと動けない者は、考えていないから、動けないのである。

自ら動けないものに「頑張って仕事しようよ」「自分の為になるから」などと言っても無意味である。そのような社員がいるのであれば、辞めて頂くのが一番だが、それが無理であるのなら、

歯車の一部となるような成長の期待できない単純作業をして頂くしかない、それが現実なのである。

野村　相手から極めるというきっかけを作ってくれた先輩がいるんだけども、打てなくてロッカーで頭を抱えていたら、野村！　殴った方は忘れても殴られた方は忘れていないぞって言われて。

あ～そういう事かって、自分の方からしか相手を見ていなくて相手から自分を見るっていう事をしていなかった。それで相手の変わり方・変化が見えるようになってきた。

現在は、一つのシェアをみんなで分け合うような時代ではない。

高度経済成長時代は、みんなが利益を出してみんなが潤った。今は違う。

ネットを叩けば、1番安く商品を販売しているお店が出てくる。

誰も2番目のお店で買おうとは思わない。

飲食も口コミサイトを見ればおいしいお店が分かる。

お客様が簡単に比較できるようになった時代、1番の会社とそれ以下の会社の差は大きい。

今は、1番の会社が殆どの利益を持っていく勝者であり、2番目以降は敗者なのである。

勝者は忘れてはならない。
敗者のすべてが敵（ライバル）になる事を。

18 マーケティング分析――情報戦略と駆引き

スランプからの脱出

野村　全部ストレートのサインを出すわけがない。現役時代からスコアラーがいたんだ。毎日新聞の記者で野球の経験が全く無くて、凄い達筆でね、綺麗な字を書くの。日本で初めてスコアラーっていうのを採用した第一号だよ。

何となく遠征先でこの人の部屋に行ったら一生懸命付けてんだよ。

これ何でそんな丁寧に付けてんですか?って聞いたら、これを会社に出して契約更改の資料にするって言うんだよ。それで見ていたら、何か使えそうになってきたんだよ。データなんて言葉もない時代だから記録って言っていたんだけど、これ使えるんじゃないかなって思って。

それで、相手チームのピッチャーが俺に投げてくる球種とコースを書いて毎試合僕に貰えませんかって、お願いしたら、「お安い御用だ、付けてやるよ」と。

それから毎試合付けてもらって持ち帰ってボールカウント０００から書いていったの。ボールカウントが12種類ある事すら知らなかった。

それで俺に投げてくる球種とコースとボールカウントをチェックしてある一つの傾向がわかってね。ノーストライクツーボールは１００％インコースがないんだよ。

――それがデータ野球のできた始まりなんですね。

野村　データなんて言葉も無い時代だから。毎日ボールカウントをはめ込んで分析して、それは凄い役に立ったよ。12種類のボールカウントで振り分けてピッチャーが優位な時にはどういう球を投げる傾向があるか、勝負事であり野球であるから絶対はないわけで確率なの。それ以来野球は確率のスポーツだって言い続けてきているんだけどね。

だから確率の高い球とコースを選択すると、そういう頭になっちゃってそれで段々とデータを取り込むようになってきて、首を振ったのもチェックしてもらって、首を振ったら何が多いかっていう、ランナーなしの時、得点圏に走者がいる時の配球もチェックしていって。どんどん面白いくらい相手のピッチャーが考えている事が手に取るようにわかってきて。

——それから急に打率が上がってきたんですか？

野村　打てるようになって三冠王がとれたよ。一番野球の楽しい時だね。

——今でこそ当たり前ですけど野村監督がその時データでやっているっていうのは皆わかっていて、それをまねしようという人は当時いなかったんですか？

野村　全然いなかった。野球は理屈じゃねぇよって馬鹿にされたぐらいだよ。

私も年間５００社近くの会社の方とお会いする。

最近は、会社に行った時の雰囲気で、どの程度儲かっているのか？

上手くいっているのか？　いないのか？　が判断できる。

赤字の自転車操業になっている会社ほど、自分自身が見えていない。

この単価でこの原価でいくら販売しても利益出ないよね、と誰にでも計算できるような事が分かっていないのだ。

あるサンドイッチ屋の社長の話だ。単価を上げるしか方法はないですよ。

しかし、ただ単に単価を上げたら顧客離れが起きるから、全てを上げるのではなくて、一部は目玉商品を作って安価なまま残し、他は付加価値を付けて単価を上げましょう。

それで少しずつ高単価商品へ移行していきましょうと今後の運営方針の話をした……しばらくしてそこのお店を訪れると、さらに単価を下げて売っている。

話を聞くと社長はこんな事を言う。

「値段下げた分、数を売れば利益が出ますから……」

確かにそうなのだが、工場製造で機械の稼働余力があるのであれば、それでも構わないかもしれない。

手作りのサンドイッチなど、深夜寝ずに作って

も限界があるのである。

ダメな経営者程、根性論に陥りやすい。

価格を安くして販売するのは、頭を使わなくてよいから誰でもできる商売である。

高く買ってもらうのは難しい、お客様のデータを分析して他社にない差別化ができるかが鍵になるからだ。

19 高くても商品が悪くても買ってくれるお客様の作り方

社員教育は経営者にとって一番頭の痛い問題である。

当然教育というくらいだから、「このようなやり方に変えたら契約が取れるよ」「効率を上げるには、システムを変えた方が良いよ」といった具体的な解決策を学んでもらうというのが理想ですが、実際は残念な指導をしている会社が多い。「頑張ろうよ」「やる気だそうよ」といった士気を上げる行為である。

その為に食事会を開いたり、イベントをしたりご機嫌を取ったりする行為は、社内営業であり社員教育以前の問題である。

何か足りないのか？　プロ意識である。

お金を貰って仕事をする以上、どんな仕事でもプロでなければならない。

——いろんな選手がいたと思いますが……。それこそ新庄選手がメジャーに行った時はどういう気持ちだったんですか？

野村　「バカかこいつは！」と思ったね。

一応フォローをしておきますが、決して悪口でなく野村節です。

——でも1年目は活躍しましたよね？

野村　あんなバカが通用するなんて思いもよらなかったけど。新庄はとにかく目立ちたがりだから。

——監督として一時期阪神で一緒にやっていたわけじゃないですか？選手としてのセンスとか素質ってどうだったのですか？

野村　足は速い・肩は強いから天性は凄いものを持ってるよ。頭はまるっきりアホやけど。

——でも新庄選手も天才だったんですかね？

野村　投げる・走るはね。打つはダメだよ。「豚もおだてりゃ木に登る」っていう格言があるじゃん。新庄にはこれが浮かんだの。おだてて使うしかないから、こうして打てとか指示は通じないなと感じた。新庄みたいな選手は珍しいね。命令指示は新庄には通じない。失礼な言い方だけどバカとしか言いようがない。おだてて使うしかないんだよ。

――でもそれが上手くいったんですかね？

野村　そうそう。そういう使い方したから俺と合うと思ったんじゃない？

――使い方を見極めるって大事ですよね。

野村　そうだよ。

――逆に厳しくする選手もいるわけですよね？

野村　効く選手も効かない選手もいるから色々だよ。

――それはすぐ見極めできるものなのですか？

野村　付き合っていればわかるよ。

——ちゃんとそれぞれに合わせてやり方を使い分けてきたのですよね？

野村　例えばヤクルトの監督1年目、キャンプの始まる2月がプロ野球の正月だから、この2月の1カ月の過ごし方は物凄く大事なの。そういう意味で2月のキャンプでミーティングをするでしょ。ヤクルトの時は皆一生懸命筆記するし聞いている。

同じような事を同じように阪神のキャンプでやっても誰も書かないし聞いてない。

——ノートも持ってこない？

野村　一応持っているんだけど手が動かないし、先ず聞いてない。時計ばっかり見ている。ミーティングが終わると遊びに行って誰もいない。キャンプなのに何しに来ているんだこいつら！ってなる。阪神の選手はお相撲さんと一緒でどこに行ってもタニマチがいる。阪神はマスコミと担当記者とタニマチがダメにしている。

遠征に行っても皆出て行っちゃってホテルにいるのは、マネージャーと俺しかいないもん。

――でも野村監督が監督されてから強くなりましたよね？　星野さんのとこで優勝もしました し。

野村　最初のキャンプでダメだと思いオーナーの所に行って「1年で辞めさせてくれ」と言ったら「それは困る！　契約期間が3年だから！」と。

3年後辞める時にオーナーから「誰かいい監督いませんかね？」と言われたから「怖い監督がいいですよ。私みたいに利を持って戦う監督はダメです」って言ったの。

俺はそれまでは監督の依頼があったらどこでもやるってつもりでいたんだよ。

やっぱり阪神の監督をやって思った事は、ダメなものはダメで合う合わないはある。

やっぱり監督も自分の野球とチームが合うのか合わないのか、これを先ず見極めるべきだよ。

次の監督で怖い監督がいいっていうので、西本さんを推薦したけど断られた経緯があるというから星野を推薦したの。

――それがはまったわけですよね？

野村　そうだよ。「来てくれますかね？」と心配していたけど「二つ返事ですよ」って言ったの。

後日「どうでした？」と聞いたら「いい返事をもらいました」と言っていたよ。

阪神のようなチームは星野にピッタリなんだよ。

――入ってみたらダメな所とか合う所とかわかるものなのですか？

野村　外から見ているとわからないけど入るとわかるよ。

野村監督と言えども士気を上げるのは難しい。

士気は、企業に備わっているものか？　本人の資質なのか？

何方にせよ、新入社員がこの会社に入りたいと熱望してこない限り、士気の高い社員を採用するのは難しい。

では、士気の高い社員の採用できない中小企業ではどのようにしたら良いのか？

① 無理して採用しない。士気の低い人間を採用すると、他の社員にも影響が出るからだ。

② 外注で出来る事は外注。なるべく内製化に拘らない。野球でいえば、監督だけが自社社員で、後は全て助っ人外国人という事です。

社員教育の費用・求人募集の費用・社員の給料等を増やしても、一人前になったと思ったら辞めてしまうとなると本末転倒で、結果外注の方が安くなる。

また、中小企業にとっても人員を多く抱えるという事はリスクになる。

5年同じビジネスモデルが通じない時代、違う事業をしようと思っても社員が多いとそれだけ会社の舵を切るのに時間がかかる。スピード経営時代の対応がしやすいというメリットもある。

③ 委託やフルコミの社員を増やす。実績に応じて支払うのだからリスクはないのだが、ポイントとして、ライバル会社よりも1番多い給料体系にする事。
即戦力のプロに発注するわけだから、面談の時に「当社はどこのライバル会社よりも良い給料を出す」と言った方が優秀な人材は採用しやすいし、会社とすればフルコミだからリスクもないのである。

④ アライアンスを組む。
一見①、③と同じように見えるが、全然違う。

発想を転換して、ライバル会社と提携する。業界違いの所との提携を模索する。

これらは、すでに先方の会社も自分の所の仕事で収支が回っている会社であれば、当社と組む事で＋αの利益が得られたり、自分の所の本業の収益が増えるのであれば、先方とすれば、当社との業務提携にノーはない。

当社としても新たにスタッフや組織を作る事なく、先方の組織を利用して売上が上がるから、双方にメリットが出てくる。
⑤ やり過ぎは、社員の士気に影響するから禁物だが、社員の解雇を恐れない。
採用して思っていた事と違うというのであれば、その事を正直に伝えて誠意をもって辞めて頂く。中小企業で無駄な余裕資金はないのだから。


阪神タイガースは、どこへ行っても人気球団である。

阪神企業の凄い所は、弱くてもお客様が入るところだ。


仕事で一番つらい言葉がある。

「貴社の方が商品も安いし、物も良いのは分かっているけど……○○○さんとの付き合いは長いから切れないいんだよ」

阪神タイガースにとってのお客様は、観客である。

「弱くてもお付き合いを止められないいんだよね」

企業の最終目的は、お客様をファンにさせる事だ。凄い力である。

20 広告の最大効果——一番の広告塔は社長自身

会社の作り方、初めに起業してすぐに信用があるわけではない。またブランドができているわけではない。信用を得るには社歴が必要であり、ブランドを作るには広告宣伝費が必要である。

資金を持たずして会社を大きくする場合の順番

① ニッチな市場で1番を取る。日本で1番は難しい。でも町内会1番ならば可能性はある。総合力での1番は難しい。でも、親近感No・1ならばとれる可能性はある。

大手がこのやり方で成功しているからと真似をする人がいる。大手がこの人事制度で成功しているから。今伸びている会社が、週休3日を始めたから……上手くいかない理由は、自分の会社と目標にしている会社の規模や環境が違うからである。

② 市場規模のあるところで収益を上げたい。皆考える事は同じである。東京で事業をしたい。

ネットショッピングで販売したい。競合が多い所で売上を上げるにはどの様にしたら良いのだろうか？

先ずは、大きな市場でもその中にあるニッチな市場や商品から攻めるべきである。

沢山の選択肢の中で、お客様はぽっと出の中小企業の貴社を喜んで選択してはこない。

だから、一番勝てそうな、みんなが扱っていないメーカーや商材を販売する。

ニッチなところで1番が取れる様になったら、お客様には、安心感ができている。

その次は、市場規模のあるところでの勝負である。実はここでの参入はさほど難しくない。

機械化された工場で作る商品の様なものであれば別だが、人を商品とした商売なら大手にも勝てる。

何故ならブランド力で販売していない。価格で販売してきたものの末端企業の強みは、低価格のコスト体質をもって参入してくるからである。

後は、市場シェアを取り続ける為の生産システム（人・物）の確保である。

③そして最後は、その市場のNo．1を取るためのブランドが必要である。

ここの市場のお客様の求めているものは、価格でもなく。スピードでもなく。親近感でもなく。ブランドである。

何故なら高い価格のオーダーを希望する人が求めているものは、贅沢できる満足感。ここの市場は利益率も大きい。ここではブランド力＝広告力が必要である。

経営者は、費用対効果を考えながら広告費用をかけてブランドを作るのである。

ブランドの作り方にも種類がある。①会社の認知②商品の認知③業界の認知④業界のシェア。数字を重視するのであれば、②が一番費用対効果が合いやすい。しかし上手くいかない会社は初めに①から始めてしまう。

商売の基本は花より団子である。

——阪神の話ばかりで大変恐縮なのですが、監督されていた時エフワンセブンとかネーミングを付けて今迄なかったファンが喜びそうな事されていましたよね？

野村　監督兼広報という思いがあったし、あんな人気チームをやるのは初めてで、毎日一面は阪神だよ。

俺も大阪の南海が長いけど、パ・リーグは客が入らないんで月曜日に野球やるっていう方針が出たの。

ちょうど阪急と南海の優勝争いで9月の月曜日で阪神の試合が無いから、明日こそスポーツ5紙の全て一面に載るだろうと思って翌日の新聞を見たら一面は「不調にあえぐ掛布特訓！」。もうこれは、永遠にパ・リーグは駄目だと思ったね。

やっぱり人気商売だからマスコミをどう攻略するかというのも監督の大きな仕事なんだよ。そういう思いでずっとやってきていたからマスコミを攻略するのに色んな手を考えてた。その代表が「マー君神の子不思議な子」だよ。マスコミが飛び付くと思ったのよ。

4試合連続ノックアウトで負けが付かないなんて、不思議でしょ。二軍からやらせたらと担当記者も皆そう言ったけど、岩隈の次のピッチャーは誰もいないし、チーム事情もあってマー君を何とか育てないかんという思いで無視して使い続けた。

俺は4球団の監督をやったけれど共通点は一つ、全部最下位。最下位のチームばっかりやらされるんだ。

嫌でも弱者戦法っていうのは身に付くわね。

中小企業は、大きな設備投資もできない。多額な広告費を掛ける事も出来ない。社員のモチベーションも10人足らずの会社で『社長を目指せ！』『沢山給料出すぞ』というはっぱをかけたところで説得力がない。

野村監督は、弱小球団事情をよく分かっている。豊富なお金で助っ人を雇う事も出来ない。今の戦士たちをどのように最強の選手たちにするのか？


野村監督は顧客ニーズを心得ている。

野村監督の顧客は、観客であり。観客を呼び込んでくれるマスコミである。

当然マスコミが面白い記事を沢山書けば、たまには球場に足を運んでみようとなる。

一方、社員側のやる気を上げる為にもマスコミを使う。

褒めるときは必ず間接的に選手の耳に届くように話をする。

取材陣に面白い話をすれば、次の日にスポーツ新聞に載る。

選手は次の日に自分が記事になっている事を間接的に知るのである。

人は注目され期待されると当然モチベーションが上がる。新聞やそれを読んだ観客の歓声迄考えて話題を作るのである。注目されてやる気の出ない社員はいないだろう。

また、会社としてもコスト0円で年に何回新聞の一面を飾っただろうか？

1日に何回スポーツニュースに登場しただろうか？

球団もメディアに紹介されるたびに自社のロゴの露出ができるのだから、本来の目的である球団を持つ事で広告効果を上げるという目的が達成するのである。

野村　根底にあるのは、野球は意外性のスポーツという事。これをひたすら信じてやっていたの。意外性という事は弱者でも強者を倒せるという。

我々の現役時代から予想が難しいのは、経済の予想・天気予報・野球の予想と言われていたんだよ。今、天気予報は衛星などで良く当たるし経済の予想も当たる。相変わらず当たらないのは野球の予想だよ。

――あくまでも選手の力に差があったとしても戦略次第では何とかなるという事なのですかね？

野村「信は万物の基を成す」監督・コーチ・選手の関係は信頼・信用だわね。

これをどう勝ち取るかというのでは阪神では全然ダメだった。信頼も信用もない、何なんだろうねあのチーム。やっぱり担当記者とファンがダメにしている。

大きくなる会社はお客様との会話が良くできている。お客様は時に会社の発展のアイディアをくれる。それを会社がクレームと考えるのか、これを改善する事で、会社がさらに他社より抜きん出た会社になる為の差別化情報と捉えるかは社長次第である。

21 役割を一緒にしていませんか？ —プロとアマチュア　正社員とアルバイト

【雑談】

——監督の依頼があればやるっていう形ですか？

野村　もうやんない。

——何故ですか？

野村　十分やらせてもらったから。来るわけないから。

ふと、監督はまだやりたいのだと思った。

それでなければ、毎日こんなに野球の事ばかりを考えていない。

そして、今だから出来る監督の采配も見てみたいと思った。

【雑談】

――今監督の一番の楽しみって何になるのですか？

野村　食べる事かな。どっか美味しい物ないかな。散々美味しい物食べてきたでしょ。

――監督の話を聞いていると、今の野村監督になったのは、結局一番厳しかった監督に出会ったという事ですよね。

野村　厳しさにも種類があるよ。

――鶴岡さんて別格ですよね？

野村　あの人は軍隊だよ。すぐぶん殴って座っとれ！が定番だった。球場入って突き当たったところにベンチがあって、そのベンチの前の通路に新聞記者やらなんやら皆が通る所に座らされるわけ。

――皆見てきますよね？

野村　恥をさらす。あの監督が何で名監督かわからない。毎日ベンチに筆記用具を用意して勉強になる事があったらメモしとこうと、いつも用意していたんだけど20年間一行も書かず。

自分が野球みて感じた事だけで鶴岡監督からの言葉なんて一つもないよ。

——でも会社でも専門の事わかっているからできる社長もいれば、何もわかんないけど士気だけ上げるのが上手な社長もいると思うんですけど、そういう感じでもなかったんですかね?

野村　皆のやる気を出させるっていう。存在感だな。

——厳しいからやらなくちゃいけない感じですか?

野村　鶴岡さんがグラウンドにいる姿を見ているだけでピリっとしたもんがある。二軍の試合なんてほとんど来ないいんだけど、たま~に来るともう選手の緊張感が凄いよ。ピリピリ張りつめる。来るだけで効果があるの。怖い監督だから。

——それで言うと野球がわかんなくても皆のやる気っていうのが出ていたのかもしれないです

ね。

野村　野蛮だけどね。今そういう監督がいなくなったけど。

——今やったら体罰やなんやら言われますからね。

野村　まぁ星野が最後だな。

俺24年監督やっていたけどビンタくらわしたのは1人もいないよ。

そういう野蛮な指導は、俺は大嫌いだから。

高度経済成長が終わりバブルが崩壊したあたりからだろうか?

労基や法令順守と言われるようになったのは、少なくても私の新入社員の時代は、今でいうブラック企業が当たり前の時代だった。

成績が上がらなければ日曜出勤するのも当たり前だし、朝7時に出社して夜12時頃まで働く事も普通だと思っていた。

成績が上がらない＝貢献していない。それなのに給料を貰う。

これでは、給料ドロボーになってしまう。だから、成績が出せないのであれば、やるしかないのである。

当時の営業会社は、みんな根性論の会社が多かった。１日何件飛び込んだのか、何枚名刺交換したのか、仕事が終わってから、先輩の部屋でお客様との録音テープを聞きながら、営業トークのチェックをさせられる。

悔しい思いをしたら、見返すのにはその先輩よりも成績を上げるのである。

成績の上がらないものに発言権などないのである。

――シダックスの監督時代とやっぱりプロって教え方全然違うんですか？

野村　違うね。

――どう違うのですか？

野村　基本が違うよね。プロの選手は野球が職業でアマチュアの選手は野球が職業じゃないからサラリーマンだから。まぁ皆プロに行きたいという思いでやっていたと思うけどプロとアマチュアは全然違う。

――選手のモチベーションが違うという事ですか？

野村　うん。

――指導の仕方も変わるのですか？

野村　プロもアマチュアも基本は人によって違うわ。プロアマ関係なく。

パートやアルバイトもいれば、派遣社員や契約社員もいる。

私はたまにいう事がある。

与えられた事を与えられた時間するのがアルバイトでありパートだ。

社員は、与えられていない事でも自分で考えて行動する。それが社員だと。

だから、考えて動けない社員のポジションは、パートや外注に取って代わられる。

大企業であれば、いくらでも沢山の選手の中からチームを作る事ができる。

中小企業であれば、社員を選ぶ前にその社員が入社してこないのだ。

そんな中で組織論だ。教育論だ。と言っても意味がない。

野村監督は、基本弱小球団でも現勢力で戦う事を決めている。

外国人、助っ人でこんな人が欲しいという要望を殆ど言わないという。

経営者が、社員が不甲斐ないから、社員の出来が悪いからうちは利益が上がらないのだ。

と言い始めたら、それはきっと社員ではなく、経営者が悪いのだと思う。

22

ＩＤ経営――考えさせる社員教育とは

――野村監督と奥様の夫婦円満の秘訣を聞きたいなと思っていたんですけど。

野村　なんだろ、わかんない。

苦い顔をした。私は違う話に切り替える。

――監督は、息子さんに対して、自分がやりたいように教育をするのですか？

選手に対する指導の仕方と違うのですか？

野村　無関心。

ポツリという。

何度か家族の話をした事がある。無関心という言葉、本当の無関心ではない。父親として至らなかったところも含めて、自分への戒めも含めて出た言葉だと思った。

野球をやっていたお陰で人様に育ててもらって中学迄家にいたんだけど、高校大学と7年間野球部の寮に入ったから一番大事な時期を人に育ててもらった。

——中学迄は厳しく？

野村　好き放題だな。

——選手を育てるのと子供を育てる事は、ちょっと違うんですかね？

野村　全然違うでしょ。

——より厳しくというより甘やかしてしまうという事はあるんですか？

野村　俺は厳しくなれないのかな。大声で怒鳴った事もないし。

――その点奥様の方が厳しくっていう事はあったのですか？

野村　よく親子喧嘩していたね。

俺は、星野と正反対だよ。アマチュア時代に影響受けた監督で、明治大学で島岡さん※という監督の影響を多大に受けているのと思うのよ。

※島岡吉郎（1911年6月4日―1989年4月11日）
明治大学硬式野球部監督。

星野仙一選手が大きく影響を受けた監督の一人。

明治大学の監督だけでなく、日米大学野球選手権大会でも日本代表チームの監督を務め優勝をしている。

学生時代からも度々暴力事件を起こしており、現代であれば決して評価される事は難しいだろうが、野球界ではプロ野球選手でもないのに野球殿堂入りをするほどの功績を残している。その指導方法は、教え子の星野監督にも似ていて「鉄拳制裁」「体罰」「熱血監督」と言われる軍隊的指導方法だった。

そんな星野仙一選手は、島岡監督から怒られる事は殆どなかったと言っているが、その指導方法を肌で感じていた事が、後々の星野監督の指導につながった事は間違いない。

顔の形が変わる程、選手を殴る事もあったが、勝利した時の喜びようは大変なものだったと言われている。

現在の平和な時代を生きるものにとって行き過ぎる気もするが、戦後すぐの時代背景では当たり前だったのかも知れない。野球の歴史を作った一人である。

野村　だから俺の後、星野が阪神やって楽天やって、阪神時代ボコボコに殴るんだよな。それで殴る奴は決まっているんだよ、殴りやすい奴と殴りにくい奴がいるんだろうね。同じキャッチャーで矢野っていうのがいて中日時代一緒にやっていたのと、山田っていうのがいて山田はボコボコにぶん殴られるけど、矢野は殴られてなかった。俺は人を殴った事がないからわかんないけど殴りやすい奴と殴りにくい奴がいるんじゃないの。

――やっぱり見せしめですかね？　こいつを殴っとけば周りもそういう環境になるとか？

野村　怖い監督というイメージを作りたかったんじゃないの。少年野球のレベルだよ。俺は逆なんだよ、プロでやる気がないのはほっときゃいいって思うの、自分で自分の首を絞めるわけだから、代わりはいくらでもいるんだから。プロなら野球を仕事としてやる気が起きないっていうのはそんなの全部自分に降りかかってくるんだから。

――この選手やる気なくなっているなって思うと一応さとしたりするのですか。

野村　ほったらかし。駄目になっていくのも自由、上手くなっていくのも自由。そういう考えだね。

――プロですからね、学校じゃないですからね。

野村　子供じゃあるまいし。

社員教育の仕方、ＯＪＴ、人材育成、意識改革……本屋に行けば、ありとあらゆる本が並んでいる。

また外部のセミナーや研修施設で勉強させたり、教育プログラム等を購入している会社も多いだろう。

社員にいろんなものを提供するのだ、目標の持ち方、達成の仕方、勉強の仕方、プレゼンの仕方……結果が出ない。

何故だろうか？

これがダメなら、この講師を呼ぼう。定期的にミーティングや会議。社内行事を増やして一体感を作ろう。


もうお腹いっぱいである。

社員が与えられて学ぶ年齢は過ぎている。何時まで義務教育を続けるのだろうか？


与えるから、学ばない。

与えるから、言い訳をする。教えてもらっていないから……教え方が悪かったから……。

与えるから、安心する。経営者も優秀な指導者を連れてきたから大丈夫だろう。


水を与えすぎれば、花は腐るのである。


ここで花を咲かせたいのであれば、咲かせ方を自分で考えろ。

一般的に他社のまねごとをしても儲からない。それは二番煎じであり、マネだからである。

自分から水をください。肥料をくださいという社員であれば、自分から求めたものに関しては、結果も求められるし責任も出てくる。

また、前提として自分に足りないものが分からないと、これをくださいとすら言えないのである。学びたいというのであれば、会社にその用意はある。しかしそれは君たちが要求するべきものなのだ。

まずは最低限の考える教育を教えていかなければいけない。

野村監督のＩＤ野球もその一つである。

殴られるのは、楽なのだ。受け身だから……。

23 社員教育と後継者を育てる人心掌握術

野村克也監督が鶴岡一人監督に認められて頻繁に試合で使われるようになるまでには、入団から3年かかっている。会社にとって一人前の戦力として役立つようになるのに3年かかったという事だ。当時、鶴岡監督からかけられた言葉を、野村監督は今でもまだはっきりと覚えているのだという。

2000年代初頭までは、企業にも働く側にも暗黙のルールで終身雇用という認識が当然のごとくあったため、例えば会社で多少の嫌な事があったり、勉強・研修と言われても、社員は下積みだと考えて乗り越えようという意識があった。

それは『会社のために』という愛社精神にもつながった。

しかし、今は違う。

「有給は何日ですか？」「給料はいくらですか？」「待遇は？」

など、社員が気にするのは自分の事ばかりで、会社の事ではない。

一方、ネットが飛躍的な進歩を遂げた今日においては、上場企業さえも20年後にどうなっているのか分からない。仮に同じビジネスモデルを続けているとしたら、5年後には存在していないかもしれない。

スピード情報社会の中では、どんなビジネスモデルもすぐに真似され、やがて価格競争に巻き込まれてしまうからだ。なおさら5年後この会社にいるか分からない人間に、愛社精神を求めるのは難しい話である。

これは、「雇用」というものに対する企業の意識が、一昔前と比べて変化した事も影響しているかもしれない。例えば「リストラ」は以前であれば最終手段であり、恥とさえ言われていた。しかし、バブル崩壊やリーマンショックで多くの企業が倒産していく中で、いつの間にか「リストラ」による人員整理や部署の廃止は、費用対効果が合わないのであれば仕方がないというような風潮が広がってしまった。

ただ一社員が損得勘定で動いてしまうのは、ある意味、仕方ないのかもしれない、しかしこれが、その会社の後継者や経営側の役員という事になれば違ってくる。

企業は、長く経営すればするほど色々な局面に遭遇し、時には倒産危機や資金繰りの悪化などを経験する事もあるだろう。

しかし経営者は、どんな状況に陥ろうとも沈みそうな船を漕ぎ続けなければならない。だが、愛社精神のない社員は、我先にと船を下りてしまうだろう。では今の後継者や役員はどうだろうか。危機的な状況の中でもともに会社を支えようという愛社精神はどうやって植え付ければよいのか。

野村監督の場合は、褒める時も叱るときも、愛情をもって接する事で、球団に対する愛情を植え付け、強いチームを作り上げてきた。

野村　褒めると叱るの根底にあるのは愛情なんだよ。感情だけで褒めたり叱ったりするのは同じ人間だから分かるし伝わるんだよ。憎たらしい奴だからって叱るでしょ？　きっと相手もその事が分かって凄い根に持つと思うよ。

野村監督は簡単に答えたが、経営者にとっては簡単な事ではない。

読者の中には、

「何回言っても分かってくれないのだよね」「どうやったら理解してくれるのだろう」

こう呟いた事のある経営者も多いのではないだろうか。

愛情のための鞭が、社員には怒りの鞭として伝わってしまっている事も少なくない。しかし野村監督は「愛情をもって接している」と自信をもって言う。名将野村と言われる所以だろう。

野村　根底にあるのは叱るにしても、褒めるにしても愛情ですよ。この選手を何とかしてやりたい、上手くなって欲しいっていう思いがあった中で叱ったり褒めたりしていたからね。人間だから想いは通じるんだよ。不思議だけど。

本来、社員の愛社精神は、雇用側の人間が愛情をもって接する事で生まれる。

しかし、今は居心地の良い職場環境である事や、好きな仕事ができるという事を愛社精神に繋げようとしている。

一方で役員や後継者の場合は違う。彼らは時には、自らの待遇よりも会社を優先して嫌な仕事もしなければならない。

――今までに沢山の選手がいたと思うのですが、そうした野村さんの想いが伝わらなかった事はあるのでしょうか。

野村　まずいないね。それは褒める、叱るタイミングというのをきちんと考えているからで、やたらと褒めたりしてはいかんのよ。

正直、この発言は驚いた。

「そうなんだよね。何度言っても分からない選手もいるんだ」という言葉が来る事を期待していたからだ。

果たして、どれほどの経営者が、

「何度言っても理解してくれないのだよね」「本人のために言っているのにね」「最近の社員は、やる気がないんだよ……」

などの愚痴をこぼしてきた事か。

野村監督の言葉を借りるのであれば、それは愛情をもって社員と接してこなかった結果だ。

タイミングを見計らいながら、きちんと愛情をもって接しさえすれば、現代で働く社員でも会社に対する愛社精神を抱くようになるはずであり、会社が危機に陥っても決して逃げ出さずに、経営陣とともに、生き残るための精一杯の努力をしてくれるはずだと思って、経営者は会社を運営するしかない。

経営者は孤独である。

24 何事も大事なのは素質 ―素質のある社員の採用基準とは

野村監督の勝つためのそのモチベーションは、幼少期の生い立ちにある。

野村　俺は半端じゃない貧困家庭で3歳で父親が戦争で死んじゃって母子家庭、その一家の柱である母親が俺が小学2年生の時に子宮癌、その翌年に直腸癌を患い、戦前の医学だからもう助からないって言われていたんだよ。それが助かって退院してきたんだけど振り返ってみればそれが俺の一番運の強い所なんだよ。そこで母親が死んでいたらこんな立場にいないんでね。野球なんかやっておれないからね。

初めは野球にそれほど興味があったわけではない。

母を助けるため、生活をするために始めた野球だった。

中学入って将来大人になったらって考え出すじゃない。中学1年生くらいから絶対俺は金持ちになってやる！　もう貧乏は嫌だとそういう思いが物凄く強かったの。

中学の3年間何になったら金持ちになれるか考えていた。そこで二つ年下の美空ひばりさんが電撃的にデビューされてあれよ、あれよという間に天才少女歌手として大人気になった。その影響受けて、よしっ！　俺も歌手になろうと音楽部入ったの。

ほんでドレミファソラシドって発声練習しても高い音が出ないんだよ。いまだにカラオケ行っても四つ位キーを下げるんだけど。そこで同級生が一回声を潰してみぃと、音域が広がって高い声も出るようになるよと言うので学校からの帰り道、海に向かってワァ～～！っと叫んで声を潰すの。大変だよ。

腹の底から海に向かって発声していたんだよ。

やっと声が潰れたら母親が心配してどうしたのその声、風邪でも引いたのかってぐらいに潰しちゃったの。それで良くなると思ったら、全然ダメ、無駄な努力だった。やっぱり今になって思えば野球でも何でも才能・素質だよ。

だから音楽的な才能は無かったって事だね。その次はテレビの無い時代で映画ブーム。田舎の小さな映画館が連日超満員でそれを見て「よしっ！　映画俳優になろう」と思って、それから映画館の前を金がないからウロウロして大きなおじさんの影に隠れて映画館に入って行ったの。

そしたら映画館の館長さんに見つかっちゃって。それでも諦めきれずに、ウロウロしていたら館長さんが「かっちゃん！　入れ入れ！」って言ってくれて。それからは味をしめて毎晩映画を見て主役の人の演技と台詞を覚えて家に帰って鏡の前で真似してやっていたんだよ。時代劇の3大スター、阪東妻三郎・片岡千恵蔵・嵐寛寿郎、この人達の演技を真似してね。家に帰ってやっていたんだよ。

でもハッと我に返って鏡に映る自分の顔を見て、映画俳優イコール男前っていう固定概念があったから、この顔じゃ映画俳優は無理だと悟り、すぐに映画俳優の夢は捨てたよ。

今は豊かな時代だから、生活のために仕事をするという概念がない。それどころか「貴方のやりたい事は何ですか？」と聞いても、「自分のやりたい事が見つからないのです」という回答も返ってくる。経営者が、社員を選べるような大企業であれば、求人に困らないが、中小企業は、半分諦めのように来た社員を、人手が足りないからといって採用せざるを得ないときもある。

しかし、そこでやる気のない社員を入れると、研修期間が終わったら、数カ月で辞めてしまったり、会社に思い入れのない社員を入れる事で、すでに会社にいた社員がやる気がなくなって会社を辞めてしまったりと、悪循環になってしまう。

誰でもが知っている有名な大手企業の人事部の方に、「貴社の社員様は、遅くまで休みなく良く働きますよね。こんなに働いて、不満は出ないのですか？」と聞いてみた事がある。すると「当社は、採用基準にこだわりがあるのです……」という答えが返ってきた。採用基準とはこうだ。

①片親　②自営業　③主将・リーダー等

大企業ではあるが、学歴は二の次という事だそうだ。上記三つが揃っていればまずその時点で合格になるという。理由を聞いて理にかなっていると思った。

①片親

片親の家庭は苦労してきている家庭が多いため、簡単に仕事を投げ出したり、辞めたりという事が少ない。

②自営業

自営業の家庭は、朝から晩まで休みなく仕事をしている家庭が多い。

自宅が店舗併用でもあれば、仕事とプライベートの境なく仕事をしているお店もある。

また、身をもって良いときは続かないと理解している。

商売が10年続く会社は1割である。成功した会社でも、途中何度も危機を乗り越えて続いている。

自社の会社が悪いときの経営者の立場も理解して働いてもらう事ができる。

これが、定時でキッチリ終わる会社で働いている親を持つ社員を採用したら、「18時で仕事が終わらないのですか？　終電まで仕事をするなどありえない」と言うだろう。

③主将・リーダー等

責任感・チームワーク・受け身にならない仕事姿勢というものが養われているからである。

こんな事を書いたら時代錯誤だといわれるかもしれないが、今の中小企業が現在の労基に合わせて残業代・有休を払ってどれだけの会社が残るのだろうか？

労基も大手企業中心なのである。中小企業を考えた政策がないのに、新規事業の創造は難しいと思う。

中小企業であれば、紹介や引き抜き以外、社員もそこの会社に興味があって入ってきたわけではない。職種と給料の条件を見て入ってくる。そもそもそこの会社に思い入れはない。

会社のブランディングができるのは売上も上がり、実績もできて名前も売れてくればついてくるのだが、それは儲かってからの話である。

では、どうしたら良いのですか？

私はいつも、「近隣よりも同業の中小企業よりも1割以上高い給料設定にして下さい」と言っている。アルバイトなら一生そこに勤めるわけではない。今お金が欲しいから働くのだ。

時給850円の会社と1000円の会社があれば、1000円の会社で働くでしょう。ただし、近隣よりも時給が高ければ、それだけ沢山の応募の中から採用できるし、ライバル会社が近隣にあれば、ライバル会社よりも優秀なアルバイトが雇えるかもしれません。

また、近隣よりも安い750円で雇ったらどうなるでしょうか?

「この社員が辞めたら、次にまた同じ時給で雇用ができるだろうか?」

「また、採用するための求人広告費用が発生するなぁ」

「辞めるのをもう少し考え直してくれないか? 折角仕事覚えたところなのに……」

アルバイトに、頭を下げて仕事をして頂かないといけない。これだけのデメリットがあるのです。


反対に高い時給であれば、アルバイトも他社よりも高い時給なのを分かっているから、多少の事では辞めないいし、アルバイトもクビになったら会社側が、何時でも他の人を雇う事ができると思っていれば、サボろうと思う人間も出てこないだろう。

結果、優秀なアルバイトが雇え

れば、普段4人で回している居酒屋が3人で回せるかもしれない。そうなると結果、1割2割高くても、人件費を含めてもこちらの方が得なのである。

野村監督は、70年近い昔の記憶をたどりながら中学時代の家族の会話を語り出した。

25 その採用間違っていませんか？ —死に金と生き金

——もうちょっと楽天やりたかったですよね。

野村　だから基礎作りの監督だもん。最下位のチームばっかりだもん。

——弱かったチームを強くするっていうのは監督としては楽しい仕事じゃないですか？

ファンとしての野村監督の魅力はこの弱小球団をどの様な手腕で大きくしていくのか……を期待に胸膨らませてみる事なのだが……。

野村　楽しくはないよ。勝ってなんぼの世界なんだから。

やっぱり社長・オーナーの理解だよ。組織はリーダーの力量以上には伸びないというのはその通りだよ。ヤクルトで成功できたのも相馬さん・桑原オーナー、この人達のおかげですよ。それで関根さんから5位で引き継いで1年目に5位になったんだ。

それで矛先が皆相馬さんにあたって「変わらないじゃないか！」と役員会で相当突き上げ食らったらしい。「でも野村さんなら絶対に変えてくれる！　強くしてくれると信じてた！」って優勝した時にそんな話をしてくれた。

だから5位で引き継いで5位から3位、それから10年ぶりのAクラスで優勝。

忍びの3年で優勝できて日本シリーズで西武に負けたけど、その次も優勝できてついに西武を倒す事ができたね。あの時の相馬さんの喜びようは半端じゃなかったな。俺の所にきて「俺の目に狂いは無かった！　ありがと～！」って手を握って離さないんだから。

——監督としても一番思い出に残っているんじゃないですか？

野村　いい人は早く逝くよ。今日があるのも相馬さんのおかげだわ。やっぱり上に立つ人は理解者じゃないとね。野球知らない人がオーナー・社長になるから、監督を代えれば優勝できると思っているんだよ。それを一番言いたかったのは阪神。

オーナーに会って最初に言ったのは「優勝できないと監督ばっかりコロコロ変えているけどそ

ういう時代は終わりましたよ。野球も進化しているし今は監督じゃなくてフロントですよ」と言ったんだよ。

――忍耐力が必要なんですか？

野村　今は球団の心臓部は編成部。阪神のスカウトなんて悪い意味では典型的な模範だね。

「すみません。先方の部長を落としてきますので接待費貰えますか」

「仕事取れませんでした。向こうの会社の方が、交際費が多いですからね」

「給料を今の会社の倍出すから当社に来ないか」

「この給料でしたらやる気がでません」

中小企業は、そもそも求人に対して自社の会社内容の認知をされていない。

求人誌に書いている事を見てもどこも同じような事ばかり。ライバル会社の仕事を取ると言っても、商品力がなければ、人間関係で取ってこいとなってしまう。

当然、そのような会社に以前からここの会社で働きたかったです。といった熱い情熱を持った社員など入ってこない。

年間いくら求人費用を掛ければよいのだろう……。

「うちは万年Bクラスの5位です。ここ最近採った新人も大成した新人はいません」

そのような会社は滑り止め候補にしかならない。

私も良く言われる。社員をもっと増やさないのですか?と。

社員を増やしても3人採用して仕事量が5倍になればよいが、社員を5人採用して3人分の仕事になるのであれば、採用しない。必ず倍以上の仕事をして貰える人を採用すると決めている。

募集したところで、認知のない会社は費用対効果が合わない。

他が落ちたらここにするかといった程度の滑り止め企業になってしまう。

だから、求人誌等は使わない。「紹介や知り合った人など、本当に欲しい人間が現れるまで採用しないのです」と答えている。

「なら、どうやって仕事を回すのですか?」

「外注です。外注で出来る事は出来るだけ外注です。

事務であれ、営業であれ、システムであれ、出来るだけ外注です。

外注であれば、成果に対しての支払いになるから。

無駄な費用も発生しませんし、いつでも事業を辞めたり会社の方向転換をしたりとスムーズです。

スピード経営の時代、社員や組織がある事で対応が遅れる事が、一番のネックになります」と答えている。

また、長く経営をしている社長ならば経験があると思うが、沢山社員が増えると、会社のお金を横領したり、他社に紹介して賄賂を受け取ったりという事が多かれ少なかれあったりする。

会社の悪い内向きの仕事をする労力は不毛の時間だ。

社員を増やすという事はそれだけリスクを抱えるという事にもなる。

野球でいえば外注＝外国人の助っ人という事になるだろうか。

中小企業は、費用対効果の合わない採用をしがちである。

特に花形業種といわれる業界でない業種は厳しい。

先日、ベトナム外国人を採用した会社があった。

私もベトナムの方と何度か話をした事がある。残業も休日出勤もＯＫです。

その代わり少しでもお給料が多い方が良いと言われた。

「昔のバリバリやってきた社長には人気ですよ。ガッツがあって前向きに働いてくれますから」

と紹介者から言われた。

知識よりも経験よりもやる気のある社員を採用するという事は何よりも難しい。

何よりもやる気のある社員は「会社の士気を上げてくれる」「会社の雰囲気をよくしてくれる」、
それを邪魔する古参社員だけいなければ、風通しの良い優良企業へと変えてくれる。

理屈っぽい、私は知識も経験もあります、だから社長のやり方とは違うのですといった、扱いにくい社員よりどれだけ楽しく仕事ができるだろうか。


会社も右肩上がりになれば変わってくる。

「当社はこの業界では、伸び率Ｎｏ・１です。一番将来性のある会社で働きませんか？」

「貴方のやりたい事ができる会社です」

「地域シェアＮｏ・１企業です」

一番変わるのは面接官の自信です。

しかし、社長は下り坂になった時に、何人の社員が本気で支えてくれるか考えて採用しなければならない。

26

潰れない会社の作り方 潰させない社員の作り方

——ここ何十年で野球の人気って以前よりちょっと下がってきているじゃないですか？野球の人気が下がっている理由って何だと思いますか？

野村　監督でしょう。

——昔よりも面白い試合ができないという事ですか？

野村　俺は山本浩二※に怒られちゃったけど、プロ野球80年の歴史で、外野手出身の名監督っていないいんですよ。

最近になって若松と秋山が、各1回ずつ優勝したんだよ。

外野手というのはほとんど考える事はないいんだもん。

Aという選手がバッターボックスに立ってどの辺守ればいいかその一点だけだもん。間違えているところを守っていたらベンチから指示が飛ぶでしょ？　だからある意味ではほとんど考える事はない。

ライトのポジションでイメージバッティングしている選手もいたから。

それくらい暇なポジションなの。

今選手に聞いてみたいのは、「野球とは」って言うとどう答えるかだね。

俺は躊躇なく「野球は頭のスポーツだ！」って言う。1球投げて休憩、1球投げて休憩、あんな休憩の多いスポーツ、他にある？

その休憩が何を意味しているかというと1球1球の間に次の球に対して考える・備えるっていうそういう時間を与えているのが野球の一番の特徴じゃない？

だから考えない人はダメですよ。

だから外野手出身に名監督がいないのは、外野手はほとんど考える事がないから、何を考えれば良いのかという考えるテーマも浮かんでこないのが外野手。

野球は頭のスポーツですよ。それが今はほとんど頭を使わない野球だからそこを心配しているのよ。

我々もプロに入って60年になるのか。

最初プロに入った時は間違いなく精神野球だった。戦争帰りの人が監督に多かったから。精神野球ですよ。

その後にメジャーリーグの選手がドンドン入ってくるようになって、その代表が阪急のスペンサー、南海のブレイザー。※メジャーリーグのバリバリですよ。

南海でコーチをしてくれたブレイザーの第一声が「なぜ日本人は頭を使わないんだ！」と、理論的に説明したんだよ。

俺が選手の頃、彼が選手として南海に来たんですよ。

これはいいチャンス！と思って遠征で彼を食事に誘って、メジャーの野球を教えてもらっていた。あの小さい体でメジャーリーグで10年以上レギュラーをとって活躍していたから何か持っていると思ったの。

だから俺が監督要請を受けた時、ブレイザーをヘッドコーチにしてくれるならやってもいいという条件を出した。

そしたらオーナーが「外国人で大丈夫かい？」と言って、野球に詳しい通訳を付けてくれてブレイザーをヘッドコーチにして結果的に大正解だったよ。

ブレイザーに1カ月毎日ミーティングをやらせたんだよ。

やっぱりあの小さい体でメジャーで10年以上も活躍したっていう事は選手も説得力があるでしょう。俺なんかが同じ事言うよりもブレイザーに喋らせた方が説得力があると思って彼にやらせたの。

それがうけて『ブレイザーのシンキングベースボール』という本も出たわね。

売れたんじゃない？　ブレイザーをヘッドコーチにして大正解だった。

少なくとも南海・パ・リーグの野球を変えたのはブレイザーとスペンサーだよ。阪急も長池を筆頭にガラッと変わったもんね。

※山本浩二（１９４６年10月25日ー）
プロ野球選手、監督、解説者。

現役時代、広島東洋カープの黄金期を作った一人でありミスター赤ヘルと呼ばれる。

引退後も広島の監督やＷＢＣ日本代表監督も務める。

監督時代は、野村監督の様な愚痴や毒舌のイメージや、星野監督の様に熱血漢というイメージはなく、どことなくおとなしいイメージの優しい監督である。

ただし、選手引退後も監督の依頼が舞い込む理由は、入団当初から長く活躍している事、また30歳を過ぎても活躍し続けた事が幅広い世代のファンを魅了した事に他ならない。

大器晩成で成功した理由の一つに「読みのコージ」といわれ、投手の癖をじっくり観察して配球を読み対応していた。

野村監督は、投手やキャッチャーの様に考える選手でないと、監督になっても成功しないと言っていたが、長く選手生活を続けられた要因の一つが、ネクストバッターズサークルで素振りも行わず、相手の癖を観察する事で、晩年になっても体力の限界を超えた成績が収められた事にある。

山本浩二もまた考える監督の一人である。

※ドン・ブレイザー（ドナルド・リー・ブラッシンゲーム、1932年3月16日―2005年4月13日）

アメリカ・日本のプロ野球選手、コーチ、監督。

ブレイザー（Blazer）の愛称で知られる。

日本球界にデータ野球「シンキング・ベースボール」を導入して、その後の日本プロ野球に大きな影響を与えた。

それまでの日本プロ野球は根性論であったが、野球理論に定評があり、野村監督のデータ野球がID野球に変わるきっかけを作る。

野球に戦略を持ち込み癖や性格を分析するなど緻密な戦略を立てるブレイザーは野村監督が南海の監督を引き受ける条件の一つとしており、南海の監督時代にコーチとして就任している。

野村監督に試合の状況に応じた戦略や理論を伝授しており、それは「シンキング・ベースボール」と言われた。

ブレイザーと言えば考える野球が有名ではあるが、選手スタイルは派手ではないが、黙々と基本動作を繰り返し努力する選手としても評価が高かった。

まさに選手の鏡である。野村監督が言わずして選手に伝えたい事だっただろう。

野村監督が魅了されたブレイザーは、生まれ持った感性だけでなく、地道な努力が成功者への近道になる事を教えたのかもしれない。

企業訪問すると、このような会社がある。

「うちの社員何度言ってもダメなんだよね。人の話を聞こうとしていないし、同じ事を何度言っても間違える。馬鹿なんだよ」

私も若いときから起業しているので良く気持ちは分かる。

親子ほど年齢の離れた社員などもいた。

でも結論から言うと、社員が馬鹿なのではない。

社長の器がそこまでではないから、尊敬されないし、ちゃんと聞いてもくれない。

これがTVで有名な事業家や松下幸之助が目の前で話をしてくれるというのであれば、話を聞くだけでなくメモ迄取るかもしれない。

当時、メジャーの10年選手と言えば雲の上の存在だったのであるから、虎の威を借る野村監督というべきだろうか。

会社の指示が徹底しないと思ったら、きつく言うのではなく方法を変えてみては如何だろうか?


——選手もそれを聞いてやっぱり吸収しようというのはあったんですか?

野村　聞いているだけでなるほどと思うじゃん。

メジャーはそういう組織でしょ。頭のスポーツだ。だから俺は精神野球からシンキングベースボールになって最後はデータ野球という道を歩んできたの。


業績や成果は、仕事量×想像力（アイディア）＝成果で表される。

個々で見ると仕事量は、1が1にしかならない。どんなに頑張っても他人の2倍の仕事量までだ。考える力や知識、想像力といったものは無限大である。他社と比べて資金力やブランドに劣っているのであれば、想像力を増すしかない。

しかし、資格を取ってこいというのであれば、指示も出しやすいが売上の上がるアイディアを考えてこいというのは難しい。

先ず気持ちが、前向きにならなければ考えてこないし、良いアイディアも生まれない。

また、そもそもやらせて出るものでもないのかもしれない。

逆に、アイディアが出ない会社とはどのような会社だろうか?

①　毎日同じ仕事の繰り返し
②　成果を上げても評価がされない
③　改善点やアイディアを報告する先がない
④　社内社員間の風通しが良くない
⑤　会社に対して期待していない

まずは、小さな改善点でも社長がそれを吸い上げて評価する仕組みから作ってみてはどうだろうか？

やる気にさせます。というＣＭが一時流行ったが、経営者にとって永遠のテーマである。

皆が売上を上げる為に毎日考えて行動している会社に潰れる会社などないのだから

27 その戦略間違っていませんか？ ―他社に劣る理由

――今野球に必要なものは何ですか？

野村　データだよ。監督よりも何よりもスコアラーが一番大事でしょう。

――スコアラーがいいスコアラーになる条件とかあるんですか？

野村　それは当然当たり前の事だけど野球をよく知っていて、野球が好きで、監督の役に立つ事なんだとそういう立場を分かっている人。

日本で初めてのスコアラーが尾張久次さんなんだけど、毎日新聞の記者でこの人と遠征に行った時にいつも部屋に行って何をやっているのかと思ったら契約更改の資料作りなんだよ。

それで俺が尾張さんに頼んで、相手のピッチャーが僕に対して1球目から投げてくる球種を書いて毎日僕にくれませんかとお願いして、相手のピッチャーの投球パターンを全部メモして毎日貰って帰って俺は日本一の山張りになった。

でも山張りバッターというのは語呂が悪いから、読みのバッター。

その証拠にオールスターとか日本シリーズで打てない。セ・リーグのピッチャーのデータがないから、わかった時には試合が終わっている。だから大試合に弱い野村って言われていた。

テスト生からやってきたんだから大きなハンデがあるじゃん。スカウトに見込まれたわけでもなし12球団もあるのに1球団もこないような選手なんだからそんな選手がプロ野球で生きていくのは大変な事だ。

幸いにしてプロ野球というのはバカばっかりで助かったわな。


嫌な思い出があるんだよ、オールスターで野村・杉浦・稲尾と3人でセ・リーグのバッティング練習を見ていたんだよ。そしたら杉浦が稲尾に「野村はよぉ勉強しとる!」と言ったら稲尾の顔色がパッと変わったの。それから稲尾との初めての対決で様子を見ていたら、アウトコースへくるはずがバーンとインコースにくるの。それで稲尾を見たらニコ〜っと笑ってて。

——投球パターン変えられちゃったんですね。

野村　変えられちゃったの。稲尾自身はコントロールのピッチャーだから、ばれちゃったんだな。

——逆にそうなったら手も足も出ないんですか？

野村　それ以来いくら味方でも企業秘密は一切喋らないって自分に誓った。その時稲尾は凄いなと思ったよ。顔色変わったもんな。最初は稲尾にカモにされていたんだけどそれを攻略に成功して打てるようになったから稲尾もおかしいなと思ったんじゃない？データのデの字も言わない時代で記録って言っていたんだから。その記録をとって分析されているとは夢にも思わなかったと思う。

だからこういうカウント出たら100％インコースはないっていうカウントが出てくるわけだ。だからボールカウントが0001・0002までいってボールカウント12種類あるって知らないんだよ。そこで毎日スコアラーがボールカウントにはめていってノーストライク2ボール、1ストライク3ボールで100％インコースないっていうこんなわかりやすいデータがでてきたの。これはバッティングチャンスだという事で何とか結果を出すようになったんだけど、いい結果を出す為に色んな方法があるなと。俺にとっては一番良かったんだよ。

――監督時代も今日ここのチームだったらこういう作戦でいこうというので向こうもその作戦をわかって違う方向でくる場合もあるんですか？

野村　ないない。

そこまでプロ野球で勉強している人は誰もいない。天才ばっかりだからな。だから生きてこれたんだよ。

――向こうも勉強して頭の勝負がやりたいですね。

野村　今こそ野球も進化してきたけども我々の時代はそういうデータを活用したり分析したりが一切なかったからいい時代に野球やってきた。

今俺が野球やっていたらホームラン王もとれたかなと思うけど。

それで評価されて監督までやっちゃったんだよ。

そら高校出の監督なんて一切できないと思っていたから。

優勝できない時は日本シリーズの解説とか評論とか頼まれる。

これは自己ＰＲの絶好の場だと思って張り切ったんだ。そしたら案の定、良い評判になって、それが監督に繋がったんだよ。

やっぱり見ている人は見ているよ。

「敵を知り己を知れば百戦して危うからず」という言葉通り、その両方を知らなければ経営に勝ち続ける事は難しい。

ある会社の社長に、最近チラシの反響がピタッと止まったのですと言われた。

当社のチラシセミナーに来られた方で、初めは反響が沢山増えたと感謝されたお客様だった。

「同地域のライバル会社のチラシを集めてもらえますか？」と答えた。

その後1カ月して「反響が減った理由が分かりました」「ライバル会社が当社のチラシを真似て、当社の商品よりも少しだけ価格を安くしてチラシを作っているのです」

いろんなノウハウ本を読んだり、経営の本を読んでもライバルが多い市場では常に他社と差別化し続けなければいけない。

商売の基本の流れは

① 競合がいない。少ない市場で商売をする。

② 他社と差別化する商材やサービスを見つける。

③ ニッチな市場でもＮｏ・１を取る。

④　競合を排除する。
⑤　ライバル会社が入ってこない独占的市場を作る。
ネットのない時代であれば、皆で儲けましょうといった事が成り立ったが、ネットで顧客の評判や価格が比べられる時代、顧客は簡単にお店の順位をつけてしまう。だからこそ1番以外は負け組になってしまう。


別のお客様で、今年は昨年の半分も学生服の販売ができなかったのですと連絡があった。

同じくライバル会社のチラシやリーフレットを集めてもらった。

確かに金額はこちらの方が安い。でも、何故成約率が減ったのか？

『比較広告』を使われたからだ。

比較広告を使ってくる会社は、広告心理学を勉強している会社が多い。

手ごわい相手である。

一般的なチラシ作成会社に頼んでも、デザインのカッコ良いやカッコ悪いといった見え方は答えるが、その心理効果まで考えて作る会社は少ないからだ。
※ちなみにカッコ良いチラシは成約率が低い。その理由は後日話をするが、デザイン会社はカッ

コ良いチラシを作る事に陥りやすい。

比較広告とは、A社は商品①をメイン商材として販売していた。価格も安価であり物も良い商品である。

ライバル会社B社は商品②と商品③を扱っていた。共に①よりも少し価格は高めの商品だがブランド力はある商品だ。

ライバル会社Bは、『当社は全てのメーカーの商品を扱っている。そのうえで、商品①は安価だが、3年間使うには物が良くない。当社は3年間安心して使ってもらえる商品②をお勧めする。3年間の利用を考えると、結果これが一番メリットがある』といった意味合いの内容だ。

その記事を知らず、『他所よりも安いです』という安価チラシを作ったA社は逆に『安い＝悪い』というイメージを付けられてしまったB社にまんまとやられてしまったわけである。

お客様も色々調べればわかるだろう？って思われた方もいるかもしれない。

しかし、広告の世界ではよく使う手法であるが、購買心理学で、お客様の購買判断は無意識のうちに行われるのが95％を占める。

だから、その商品の単価をよく知らなくてもチラシに『店舗改装の為、最終処分価格』『年末最後の大幅値下げ』『残り1着限り』といった『煽り広告』を見ると勝手にここの店は安いのだろうと判断してしまう。

カラクリが分かれば簡単である。

A社にはB社には取り扱っていない、商品②や商品③よりも高級な商品④を取り扱ってもらった。

初めはA社も『そんな高い商品売れないよ』と言っていたが結果昨年の3倍の集客と売上が上がった。

翌年は相手の比較広告を利用してこちらも比較広告を作ったからである。

カラクリは簡単だ。先方の広告には、『当社は他社より優れた最高級品を扱っています』というのが売りだったが、逆に④の商品からすると②と③の商品はココとココが劣っています、と記事になる。劣っている商品を扱いながら当社はこれが最高級品ですと扱っているB社の信用はなくなる。

A社は結果、商品①も商品④も良く売れた。商品①を選ぶ人は『安価なものを求める人』、商品④を選ぶ人は『高くても良いものを選ぶ人』それぞれが違う分野で1番の商品だからだ。商品

②と商品③は差別化ができなくなった結果負けてしまったのである。

広告が上手く出来ていないという会社は自社の広告しか見ていない事が多い。

また、今まではこのチラシで反響が来ていたのだとかたくなな社長もいる。

広告はジャンケンと一緒である。相手の出方が分かれば後出しして負けるジャンケンはないのだから。

最近売上が上がらないと思ったら、他社の戦略を分析してみては如何だろうか？

28

部下には期待するな
――会社が伸びる方法とは

――監督というのを会社の社長と置き換えて書かせてもらっているのですが、経営者を目指される方へコメントを頂きたいのですが。

野村　社長になったら部下には期待しない方がいいよ。つまり監督になって選手には期待しない。

――そしたらどうしたら良いのですか？

野村　監督自身が成長・進歩すれば嫌でも全部良くなる。組織はリーダーの力量以上には伸びない。チームを良くしようと思ったら監督自身が進歩しないと絶対チームは良くならない。

――会社を見ていて2パターン会社があって、社長が何でもできてバンバンやりますという会社と、社長があまり会社に出てこないのだけど番頭さんが立派で社長がいなくても成り立っている会社があるのですが。

野村　野球ではヘッドコーチが監督やるようなもんだわね。

今の野球はお粗末だね。プロ野球じゃないよ。アマチュア野球だよ。

――さっきの話で、監督が精進したり上にいこうと思った時に何を努力したら良いのですかね？　皆さん社長は会社を大きくしたいという思いはあるかと思いますが、何処をどの様に勉強したら良いのですかね？

野村　俺は信念として欲を持っちゃいけないって。

出世しようとか良い監督になろうとかそういう欲を持っちゃいけない。絶対捨てなきゃ。

欲から入って欲から離れるっていう。

――難しいですね。

野村　欲を持っていいけど実践する時は欲から離れないと部下は見ているよ。

わかりやすく言えばいい仕事をするっていう事に徹底する事だよね。

そのいい仕事がどういうものなのかわからない人は上に立つ資格なし。

――難しいな。哲学的ですね。

野村　野球界というのは知能指数が低い集団だからこれは助かった。俺が頭脳派っていわれるのが恥ずかしい。

自分でも俺よりバカはいないと自分で思っているのに頭脳派っていわれるんだから。

――監督見ていてずっと普段野球の事ばっかり考えていてとなると、それは普通の人には難しいだろうなって思うのですけど？

野村　やっぱり『野村－（引く）野球』に何があるかって言われたらゼロだよ。そういう思いが大事じゃない。

――そしたら経営者の方も例えば今やっている仕事を、もっと好きになりなさいっていう事なのですかね？

野村　自分から仕事を取ったら何が残るかっていう。

上に登る時に一気にボーンと上がれないでしょ、伸びたまま上にはいけないし、その原理と一緒。

――それなりの努力があって下積みがないという事ですかね？

野村　結局。部下が自分の事どう思っているかというのは気になるんだよね。認めてもらおうとするためにどうするかは、いい仕事をするしかないんだよ。

――いい仕事ってどういう事なんですかね？

野村　理にかなっている。

――理にかなっているか。

野村　今はそれをわかっている監督はいないわ。結果ばっかり考えて。

――結果は後から付いてくるという事ですかね？

野村　そうそう。いい仕事をすれば付いてくる。

商売や経営をする目的にはいろんな理由がある。

①　お金持ちになりたい

②　有名になりたい
③　自慢したい
④　モテたい
⑤　生きがい……

野村監督と話していて思う事がある。野球とは、

⑥　好きだからでもなく
⑦　存在意義でもなく
⑧　空気の様な存在でもなく、野村＝野球なんだ。だから野村－野球＝０なんだと。

こんな会社があった。

「先日社員が大量に辞めてしまったのです」

「何かあったのですか？」

「先日業績が悪かったから、社員のボーナスを大幅に下げたからですかね？」

と聞かれた。

当然、会社であれば業績が悪く給料を下げなくてはいけない事もあるだろう。

社長は、部下に認めてもらうには、謙虚で理にかなった良い仕事をしなくてはいけないと言う。

特に業績が下がって今後どのようになるか心配な時は、社員は社長の今後の方針や考え方を見ているはずだ。

私はその後、ふとした時に社員が大量に辞めた理由を発見した。

ボーナス減額後に社長がFacebookに載せた『私、高級車買いました』の報告だった。

理にかなう仕事。

理にかなう社長。

理にかなう社員。
理にかなう経営。
理にかなう社風。
理にかなう企業意義。

一時の感情や雰囲気に流されたり、おもいつきで行動したりしない。
理にかなう経営。
『闘将野村　新経営理論』である。

おわりに

上に立つ者の資質

やはり色んな社長さんに会うのですが、一瞬上手くいっても継続的に成功し続けるって難しいですよね。昔の人は皆良い言葉で「継続は力なり」と言っているのに誰もしないし、続けるというのは難しい。

野村　最近思うんだけど運が付いてる。

――運が強いと感じるんですか？

野村　感じる。仕事に対して本当に運が強い。

——次もし何かやるとなったらやっぱり野球ですかね？

野村　野球しかないもん。

——何か他にやりたかったとかないんですね？

野村　何もない。野球で十分。野球に大感謝だ。野球のおかげ。全てを掴んだ良い職業。

——今何回か監督との対談を社長業にあてはめて書かせて頂いているのですが、新聞の読者や経営者から面白いから続編を読ませて欲しいという話になるのですよ。それで今回本にいたるまでになっているのですが、結構監督業と経営は通じるのかなと思って書かせてもらっているのですが。人の上に立つという意味では共通しているんじゃないですか。やっぱり経営者も監督も人から良く見られたいというのは今までないんですか？

野村　絶対ダメ。社長になったらちょっと良く思われたいなとか、凄い人だと見られたいなとか。いい仕事をしていたら見ている人は必ずいますよ。

――頑張っていこうという時にどうしても迷う時ってあると思うのですがその時はどうしたらいいのですかね？

野村　おおまかに言えば『見つける・育てる・生かす』。だから育てるという事に全力投球したらいいんじゃないですか。

育てる中で何に優れているのかそれを見つける・素質を見つける・何に向いているかという適材適所を見つける。だから野球しかわからないですけど、アマチュア野球でキャッチャーやる奴1人もいないの。どうしてキャッチャーやらないか聞くと、

「しんどい」

と言う。

今の子はしんどい事を嫌がる。でもそこにはまだ気付いていない可能性があるかもしれない。それは今までの子も同じで、しんどい事はしたくない。

ただパワハラやサービス残業といった時代に無理やりやらされてきただけなのだ。ただ結果、それで本人が開花し良かった事も多々あったのではないかと思う。欲を持たず。良い仕事を突き詰める。

ただひたすらに黙々と。
そこまで考えて仕事をするのは難しいのかも知れない。

何のために仕事をするのか?
何のために成功したいのか?
成功の先には何があるのか?
次に生まれてきたら、また野村監督は野球をするだろう。
次に生まれてきたら経営者という職業をしたい。
経営者ー私＝0だからと言える経営者になりたい。

ちゃんと良い本を書いて名前を汚さないような本を書かせていただきますので。
「売れないよ」……野村節である。
そこは大丈夫です。ありがとうございます。

やはり野村監督は面白い。

〈著者紹介〉
野村克也（のむら　かつや）
1935年6月29日生まれ
野球解説者・評論家。元南海ホークス、ヤクルトスワローズ、阪神タイガース、東北楽天ゴールデンイーグルス監督。元プロ野球選手（捕手）で、戦後初・捕手として世界初の三冠王を獲得。データを重視するという意味の「ID野球」（造語）の生みの親でもある。「何よりも自分は働く人間」と語っており、幼少期から80歳を過ぎた現在でも休まずに仕事に取り組む姿勢は、野球ファンのみならず、経営者にもファンが多い。

〈聞き手〉
藤田　精（ふじた　たくみ）
1948年8月7日生まれ
経営者。25歳で起業し8年で売上100億円を超える。その後リーマンショックで45億円の負債を背負うが9年で完済。現在は売上80億円の会社経営をしながら、全国で中小企業支援の講演活動をしている。

〈企画協力〉
株式会社KDNスポーツジャパン

闘将《とうしょう》野村《のむら》

弱小《じゃくしょう》企業《きぎょう》を一流《いちりゅう》へと導《みちび》く新経営理論《しんけいえいりろん》

2019年4月26日　第1刷発行

著　者　野村克也、藤田 精

発行人　久保田貴幸

発行元　株式会社 幻冬舎メディアコンサルティング
〒151-0051　東京都渋谷区千駄ヶ谷4-9-7
電話　03-5411-6440（編集）

発売元　株式会社 幻冬舎
〒151-0051　東京都渋谷区千駄ヶ谷4-9-7
電話　03-5411-6222（営業）

印刷・製本　シナジーコミュニケーションズ株式会社

装　丁　四方田 努

検印廃止

Printed in Japan
ISBN 978-4-344-92226-6　C0034
幻冬舎メディアコンサルティング HP
http://www.gentosha-mc.com/